novum premium

SIEGFRIED KUHNT

Mein Leben als NACHKRIEGSKIND

novum premium

Bibliografische Information
der Deutschen Nationalbibliothek:

Die Deutsche Nationalbibliothek
verzeichnet diese Publikation in
der Deutschen Nationalbibliografie.
Detaillierte bibliografische Daten
sind im Internet über
http://www.d-nb.de abrufbar.

Gedruckt in der Europäischen Union
auf umweltfreundlichem, chlor- und
säurefrei gebleichtem Papier.

ISBN 978-3-99130-141-7
Lektorat: Lucas Drebenstedt
Umschlagfotos: Monika Huňáčková,
Katemykate | Dreamstime.com
Umschlaggestaltung, Layout & Satz:
novum Verlag
Innenabbildungen:
siehe Quellverzeichnis S. 182

Die vom Autor zur Verfügung gestellten Abbildungen wurden in der bestmöglichen Qualität gedruckt.

www.novumverlag.com

Climate neutral
Print product
ClimatePartner.com/16547-2201-1002

INHALTSVERZEICHNIS

VORWORT

In meinem Buch stelle ich in 10 Kapiteln Situationen und Erlebnisse aus meinem Leben dar. 95 Bilder und Foto-Dokumente illustrieren meine Ausführungen.

Durch fleißige, ehrliche Arbeit hatten meine Eltern in ihrer Heimatstadt Lähn (heute Wleńin Polen), Kreis Löwenberg (heute Lwówek Śląski), in Schlesien Achtung und Vermögen erworben. Nach Erzählungen meines Vaters wurden sie mit ihren vier Kindern (2–6 Jahre) und der Mutter meines Vaters im Dezember 1946 von polnischen Behörden aus ihrer Heimatstadt nach Sachsen vertrieben. Sie wurden enteignet und ihr gesamtes Vermögen wurde beschlagnahmt. Zu Weihnachten kamen sie in Roßwein auf dem Bahnhof an und wurden zum Hotel „Schützenhaus" (später „Lindenhof") gebracht. Hier mussten sie mit allen Heimatvertriebenen einige Tage im Saal auf einem mit Decken belegten Strohlager nächtigen. In Roßwein wurden drei weitere Kinder geboren. Ich war das erste, das 1947 in Sachsen das Licht der Welt erblickte. Somit habe ich meinem Buch den Titel gegeben:

„Mein Leben als Nachkriegskind"

In meiner Kindheit stand die Unterstützung der Eltern vor allem bei Gartenarbeiten zur Sicherung der Ernährung im Vordergrund. Das war notwendig, da mein Vater 1953 durch das Löschen von Branntkalk bei der Arbeit im Wohnungsbau an einer Staublunge erkrankte. Er wurde 1953 mit 135 Ostmark in Rente geschickt. Nun hieß es, mit diesem Geld eine 9-köpfige Familie zu ernähren. In der Schule wurden meine Geschwister und ich oft als Flüchtlingskinder behandelt, was sich auch in den Noten widerspiegelte. Ich musste die Schule mit dem Ende der 9. Klasse abbrechen, da ich in Russisch auf der Note 5 stand. Russisch war in unserer Familie ein Tabu-Thema. Mein Vater wollte immer, dass ich Landwirt werde, da er davon überzeugt war, dass das kommunistische System keine Zukunft hat und wir wieder nach Schlesien zurückkommen werden. Als Landwirt sollte ich in seine Fußstapfen treten und den damaligen landwirtschaftlichen Betrieb der Familie übernehmen. Somit begann für mich die Lehre zum Agrartechniker, obwohl Elektriker mein Berufswunsch war. Schon bald nach bestandener Prüfung zum Agrartechniker verließ ich aus persönlichen Gründen die Landwirtschaft. Im Laufe meines Lebens habe ich in mehreren Betrieben mit unterschiedlichem Profil gearbeitet und Abschlüsse erworben. Meine Zukunft bestand darin, mich in verschiedenen Berufszweigen weiterzubilden. Von der Lehrausbildung zum Agrartechniker ab September 1963 bis zum Eintritt in meine Altersrente im Juli 2012 war ich in 5 Betrieben unterschiedlicher Branchen tätig. Im Februar 1976 wechselte ich den Wohnort von Roßwein zum Kurort Oberwiesenthal. In Oberwiesenthal fand ich im privaten, beruflichen wie auch im gesellschaftlichen Leben meine Zukunft. Während der Wende 1989 habe ich aktiv im Neuen Forum mitgearbeitet, weshalb ich im Mai 1990 in den Stadtrat von Oberwiesenthal gewählt wurde.

Seit dem Ausscheiden aus der Kommunalpolitik 2019 habe ich mich voll meiner Familie widmen können. 2 verheiratete Töchter mit je 2 Kindern, deren Familien sowohl beruflich als auch sportlich und gesellschaftlich sehr engagiert sind, sorgen für ausreichend Abwechslung, Freude und Aktivitäten in unserem Alltag, den meine Frau und ich nun gemeinsam genießen können. Ihr bin ich besonders dafür dankbar, dass sie in allen Höhen und Tiefen meines bewegten Lebens stets an meiner Seite gestanden und all meine Aktivitäten unterstützt und mitgetragen hat. Mögen die folgenden Aufzeichnungen allen Lesern ein Ansporn sein, stets strebsam, ehrlich und fair die Hürden des Lebens zu meistern sowie sich kritisch, aber für die jeweilige Sache aktiv einzusetzen. Mit einem Zitat des US-amerikanischen Philosophen und Schriftstellers Ralph Waldo Emerson (1803–1882) möchte ich nun Sie, liebe Leserin, lieber Leser, auf eine interessante Reise durch mein Leben schicken:

***„Du selbst zu sein, in einer Welt,
die dich ständig anders haben will,
ist die größte Errungenschaft."***

KAPITEL 1

Zur Geschichte meines Elternhauses

Meine Mutter, Alma Kuhnt, mein Vater, Erich Kuhnt, und die Mutter meines Vaters, Ida Kuhnt, wurden nach den Erzählungen meines Vaters mit ihren 4 Kindern im Dezember 1946 nach Sachsen ausgewiesen. Sie wurden aus Lähn, Kreis Löwenberg im Riesengebirge in Schlesien vertrieben. Nach der Enteignung ihres Anwesens und der Beschlagnahmung des gesamten Vermögens durften sie nur das Nötigste mitnehmen.

Bild 001/*Das Anwesen meiner Eltern, im Jahr 1943 im Riesengebirge, in Lähn, Kreis Löwenberg. Hier betrieben sie den Gasthof „Schwarzer Adler“ und einen landwirtschaftlichen Betrieb.*

Da mein Vater Ortsbauernführer war, wurde er nicht zur Wehrmacht eingezogen. Somit hegten meine Eltern auch keine Bedenken, dass sie aus Lähn ausgewiesen werden könnten. Zum Familienanwesen gehörten neben einer Gastwirtschaft ein landwirtschaftlicher Betrieb, eine Schmiede, ein Kohlehandel, ein Fuhrgeschäft und ein Jagdrevier. Den gastwirtschaftlichen Betrieb führte die Mutter meines Vaters, Ida Kuhnt, mit meiner Mutter, Alma Kuhnt.

Bild 002*/Der Eingang zum Gasthof. Die zweite Person von links, sitzend, ist die Mutter meines Vaters, Ida Kuhnt. Ganz rechts steht mein Vater Erich Kuhnt. Die weiteren Personen sind Geschwister.*

Zur Gastwirtschaft gehörte auch ein großer Saal, in dem Kleintierausstellungen sowie Veranstaltungen von verschiedenen Vereinen organisiert wurden. Auch diese wurden von der Mutter meines Vaters und von meiner Mutter gastronomisch betreut. Einige Geschwister meines Vaters waren vor Kriegsbeginn der Arbeit wegen nach Berlin und Bayern ausgewandert. Die eigentliche Arbeit meines Vaters war die Landwirtschaft. Alle anderen Gewerke wurden von einigen seiner Geschwister bewirtschaftet. Als Ortsbauernführer bekam mein Vater während der Kriegszeit zur Arbeit in der Landwirtschaft Zwangsarbeiter aus Polen und Russland zugewiesen.

Bild003/*Links mein Vater. Die anderen Personen sind drei Brüder und zwei Zwangsarbeiter.*

Eine Leidenschaft meines Vaters war die Jagd im eigenen Jagdrevier. Oft zog es ihn zur Waldarbeit und Jagd in den Wald. Zur Jagd empfing mein Vater oft wohlhabende Bürger, welche er begleitete, um ihnen die Freigabe zum Abschuss von Wild zu erteilen. Er legte sehr viel Wert auf eine gesunde Jagd. Ein ganz beliebter Gast war der Rittergutsbesitzer Baron Magnus Freiherr von Braun mit seinen Söhnen.

Bild 004/*Der zweite von links, stehend, ist mein Vater. Die weiteren Personen waren seine Gäste.*

Durch meine Recherchen habe ich erfahren, dass das Rittergut in Habelschwerdt im Landkreis Löwenberg in Schlesien stand und den Namen „Oberwiesenthal“ (heute Bystrzyca) hatte. Im Landkreis Löwenberg gab es eine Stadt mit dem Namen „Ober-Wiesenthal“, daher sicherlich der Name des Rittergutes. Das möchte ich nicht unerwähnt lassen, da ich ja in Oberwiesenthal wohne. Nach erfolgreicher Jagd wurde vor dem Gasthof „Schwarzer Adler“ die Wildstrecke ausgelegt. In der Küche bereitete man unterdessen ein deftiges Jagdessen vor. Hier durfte nichts schiefgehen. Es musste alles perfekt sein, ansonsten wurde mein Vater sehr ungemütlich. Bei seinen abendlichen Erzählungen über die Jagd konnte man seine Wut über die Vertreibung aus seiner Heimat spüren.

Bild 005/*Es waren die interessanten Abende zuhause, wenn unsere Eltern über ihre Vergangenheit aus Lähn sprachen.*

In der Feuerwehr von Lähn war mein Vater auch aktiv. Dort führte er mit seinen Pferden das Löschgespann von Lähn.

***Bild 006**/Links auf dem Kutscherbock mein Vater. Die weiteren Personen sind Geschwister und Bürger aus Lähn.*

Nach dem Kriegsende zogen deutsche Truppen auf dem Rückzug aus Russland durch Lähn. Deutsche Offiziere der SS übergaben meinem Vater Gewehre und reichlich Munition mit der Aufforderung, dass sich die Einwohner von Lähn vor den herannahenden Russen verteidigen sollen. Nachdem die Deutschen weitergezogen waren, versenkte mein Vater die Gewehre mit Munition und seine Jagdgewehre in dem am Grundstück vorbeifließenden Fluss, der Bober. Im Herbst 1945 wurde von den Polen und Russen eine unwahrscheinliche „Säuberung" von in Lähn wohnhaften deutschen Bürgern durchgeführt. Mein Vater wurde aus dem Haus geholt, an die Wand gestellt und sollte hingerichtet werden. Der Grund war, er hatte Zwangsarbeiter zur Arbeit in der Landwirtschaft eingesetzt. Einer dieser Zwangsarbeiter stellte sich vor meinen Vater, breitete die Arme aus und schrie: „Nicht schießen, Erich war guter Mann." Danach sagten die Zwangsarbeiter aus, dass sie immer mit am Familientisch essen durften, Schlafunterkünfte im Haus hatten und nicht in den Stallungen essen und schlafen mussten. Das hat meinem Vater und sicherlich auch seiner Familie das Leben gerettet. Andere Einwohner, bei denen man Gegenstände oder Uniformen aus dem Dritten Reich gefunden hatte, wurden auf dem Markt von Lähn zusammengetrieben und von den Russen hingerichtet. Zu ihnen gehörte auch sein Bruder Willi, der während des Krieges als Soldat eingezogen worden war. Wie schon bei den Eltern meines Vaters sollten auch die Kinder meiner Eltern nur Jungs werden, denn sie sollten in der Zukunft das gesamte Anwesen mit all den verschiedenen Gewerken weiterführen. Die Mutter meines Vaters hatte 16 Geburten. Alle mit dem Ziel, im elterlichen Anwesen die Arbeit zu verrichten. Als erstes Kind meiner Eltern wurde Hannelore geboren. Das gefiel meinem Vater gar nicht. Es war ein Mädchen. Als meine Mutter zum zweiten Mal schwanger wurde, hoffte mein Vater, dass es nun ein Junge wird. Es wurden Zwillinge, und zwar zwei Mädchen. Das eine Mädchen, Margot, ist kurz nach der Geburt verstorben. Nach der Geburt der Zwillinge zog mein Vater aus lauter Frust in den Wald. Er konnte es nicht verkraften, dass in seinem Haus nach der Geburt von Hannelore wieder 2 Mädchenzur Welt gekommen waren. Erst nach der Geburt des ersten Sohnes war er überaus zufrieden. So sollten auch in Zukunft weitere Söhne geboren werden. 1944 wurde eine weitere Tochter geboren.

Zu Weihnachten 1946 kamen meine Eltern mit den 4 Kindern und der Mutter meines Vaters mit dem Treck auf dem Bahnhof in Roßwein an. Vom Bahnhof aus wurden alle Heimatvertriebenen im Schützenhaus (heute Lindenhof) an der Freiberger Mulde untergebracht.

Bild 007

Hier mussten sie im Saal einige Tage auf einem mit Decken belegten Fußboden leben. Es dauerte nicht lange, bis meine Eltern in Roßwein auf der Goldbornstraße nahe der Freiberger Mulde eine Unterkunft in einer Baracke zugewiesen bekamen. Die Baracke bestand aus zwei größeren Zimmern und zwei kleineren als Nebengelass. Da in dieser Baracke noch eine zweite Familie untergebracht worden war, informierte mein Vater seine Schwester in Ostberlin per Post über die Zustände in der Baracke. Daraufhin hat sie ihre Mutter Ida Kuhnt nach Berlin geholt. Die Schwester meines Vaters, Else Schnürl, hatte eine gute Anstellung in einer Metzgerei und konnte somit gut für ihre Mutter sorgen.

Im Frühjahr 1947 bekamen meine Eltern eine Wohnung auf der Gartenstraße 9 zugewiesen. Diese Wohnung befand sich im Parterre und wurde durch den Hausflur in je zwei Zimmer getrennt. Kurz danach wurde mein Vater von 2 russischen Soldaten der Stadtkommandantur von Roßwein abgeholt und für 3 Tage bei Wasser und Brot im Rathauskeller eingesperrt. Auch hier drohte ihm wegen seiner Vergangenheit die Hinrichtung. Ein Bürger, der auf dem Treck nach Roßwein als Sanitäter eingesetzt worden war, meldete sich bei der Stadtkommandantur und sagte über meinen Vater aus. Er hat Gleiches berichtet wie damals die Zwangsarbeiter in Lähn. Das rettete meinem Vater zum wiederholten Mal das Leben. Als im Herbst 1956 der Volksaufstand in Ungarn stattfand, war mein Vater voller Hoffnung, dass auch in Deutschland eine Wende bevorsteht und er bald wieder in seine Heimat zurückkehren kann. Er hat alles im Radio verfolgt. Sein Lieblingssender war Rias Berlin. Wenn er vor dem Radio saß, durfte ihn keiner stören. Über diesen Sender hat er erfahren, dass in Amerika ein Baron Wernher von Braun in der Raketenforschung tätig war. Er war der Meinung, dass es sich um den Sohn von Baron Magnus Freiherr von Braun handele. Daraufhin schrieb mein Vater an ihn einen Brief, dessen Inhalt ich nicht kenne. Er adressierte diesen an: Raketenforscher, Wernher von Braun, Vereinigte Staaten von Amerika. Schon bald kamen zwei Herren und führten meinen Vater ab. Am gleichen Tag kam er wieder nach

Hause und schilderte uns abends, warum ihn die Herren abgeholt hatten. Sie wollten wissen, was ihn bewogen hatte, diesem Herrn nach Amerika einen Brief zu schreiben. Er hatte den Herren geschildert, dass er diesen Baron von Braun aus Schlesien kennt, denn er war mit seinem Vater bei ihm oft auf der Jagd gewesen. Mein Vater musste zusichern, keinen Kontakt mehr aufzunehmen. Immer wieder verfluchte er das System, in dem er sich und seine Familie als gefangen gehalten sah. Oft gab er mir zu verstehen: „Du wirst einmal Bauer, um meine Arbeit in Lähn fortzuführen." Ich konnte das manchmal schon gar nicht mehr hören. Meine Freunde, mit denen ich ab und zu etwas Freizeit verbrachte, wohnten alle in der Nachbarschaft. Das wollte ich nicht aufgeben. Im August 1961 wurde durch den Bau der Mauer in Berlin und das Schließen der Grenze zwischen den beiden deutschen Staaten Deutschland in zwei Teile geteilt. Jetzt wurde meinem Vater klar, dass es immer schwerer wird, wieder in seine Heimat nach Lähn zurückzukehren. Er gab aber die Hoffnung nie auf. Immer wieder schwärmte er von Lähn und meinte, die DDR mit dem System von kommunistischen Strukturen habe keine Zukunft. Er war der festen Überzeugung, dass wir wieder nach Schlesien zurückkommen und ich die Arbeit in der Landwirtschaft fortführen werde. Meine Schwester Hannelore hat ja vieles selber miterlebt und konnte den Worten manchmal nicht mehr zuhören. Sie wie auch mein großer Bruder trugen sich schon mit ganz anderen Gedanken. 1957 fälschte meine Schwester Hannelore die Unterschrift meines Vaters in einem Dokument zur Bahnfahrt nach Düsseldorf über Berlin. Sie hatte die Absicht, mit ihrer Freundin Elfriede über Berlin die Flucht in den Westen anzutreten. Da sie erst 17 Jahre alt war, brauchte sie eine elterliche Genehmigung, um über Berlin zufahren. Meine Schwester Hannelore saß oft mit ihrer Freundin Elfriede, die schon 18 war, in ihrem Zimmer zusammen, wo sie sicherlich ihre Flucht geplant hatten. Eines Tages verabschiedete sie sich von uns und sagte: „Ich fahre nach Berlin zu Tante Else." Keiner von unserer Familie hatte damit gerechnet, dass sie schon seit langer Zeit eine Flucht geplant hatte. Wenige Tage später bekamen meine Eltern Post aus Düsseldorf, dass sie gut im Westen angekommen und in einem Auffanglager sehr gut und freundlich aufgenommen worden ist.

So schwer es meine Eltern auch hatten, so stolz bin ich auf sie. Sie waren immer um uns besorgt und haben sich alle Mühe gegeben, für uns Essen auf den Tisch zu bringen.

Bild 008/*Das Familienfoto wurde Weihnachten 1952 vom Photographenmeister Herrn H. aufgenommen. Ich sitze rechts auf dem Schoß meines Vaters.*

Arbeit haben sie nie gescheut. Genau das haben sie uns Kindern mit auf den Weg gegeben. Im August 1969 verstarb mein Vater und konnte leider die Wiedervereinigung von Deutschland nicht erleben. Meine Mutter hingegen fuhr nach der Wiedervereinigung oft zu ihrer Tochter Hannelore nach Königswinter, wo sie sehr gut bewirtet wurde. Im Alter von 90 Jahren verstarb auch sie, im Jahr 2003. Die Dokumente auf den nächsten Seiten wurden mir nach dem Ableben meines Vaters von meiner Mutter übergeben.

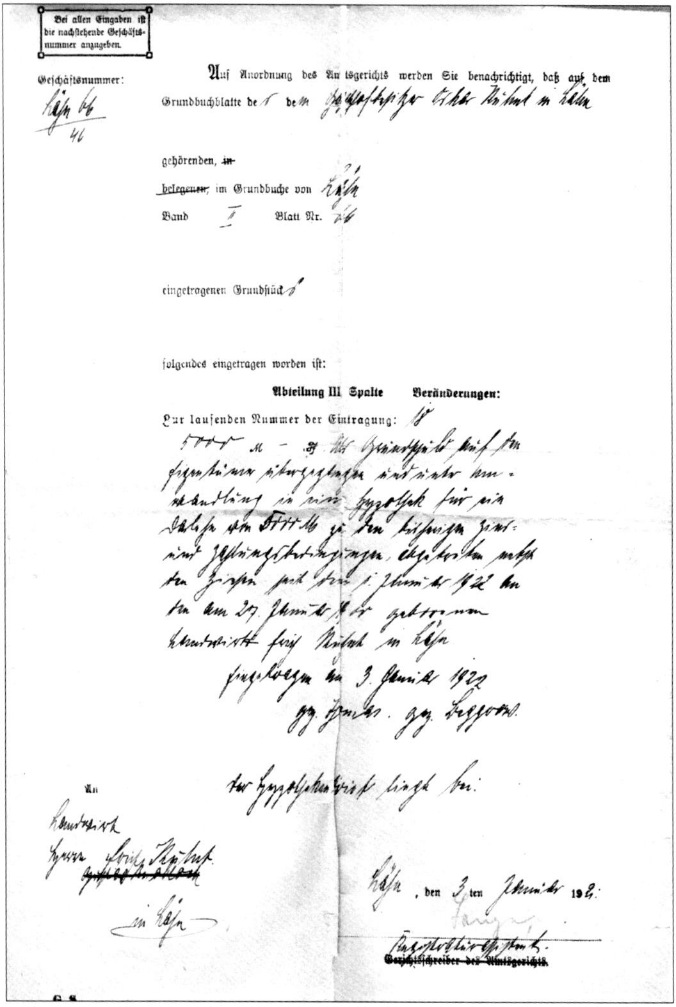

Bei allen Eingaben ist die nachstehende Geschäftsnummer anzugeben.

Geschäftsnummer:

Auf Anordnung des Amtsgerichts werden Sie benachrichtigt, daß auf dem Grundbuchblatte de[illegible]

gehörenden, ~~in~~ ~~belegenen~~, im Grundbuche von [illegible]

Band [illegible] Blatt Nr. [illegible]

eingetragenen Grundstück[illegible]

folgendes eingetragen worden ist:

Abteilung III. Spalte Veränderungen:

Zur laufenden Nummer der Eintragung: 18

An

, den 3ten [illegible] 192[illegible]

~~Gerichtsschreiber des Amtsgerichts.~~

Bild 009/Der übersetzte Text: *5000 M – Pf. für Grundstück auf den Eigentümer übertragen und unter Verantwortung in eine Hypothek für ein Darlehn von 5000 M zu den bisherigen Zins- und Zahlungsbestimmungen, abgetreten nebst den Zinsen mit dem 1. Januar 1922 an den am 27. Januar 1900 geborenen Landwirt Erich Kuhnt in Lähn. Eingetragen am 3. Januar 1922.*

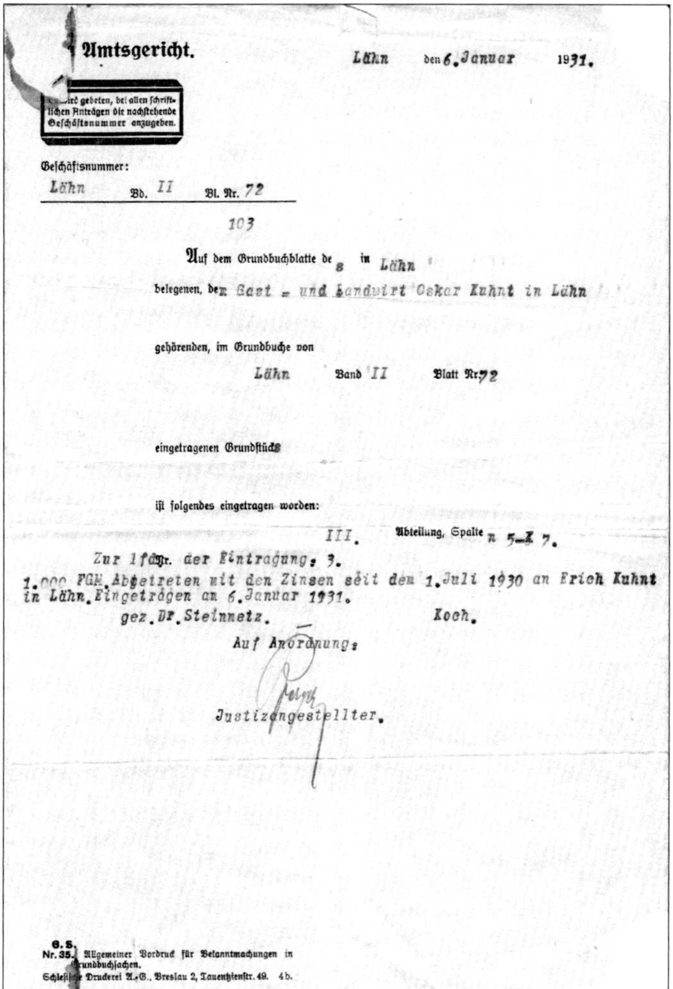

Amtsgericht. Lähn den 6. Januar 1931.

…wird gebeten, bei allen schriftlichen Anträgen die nachstehende Geschäftsnummer anzugeben.

Geschäftsnummer: Lähn Bd. II Bl. Nr. 72

103

Auf dem Grundbuchblatte des in Lähn belegenen, dem Gast- und Landwirt Oskar Kuhnt in Lähn gehörenden, im Grundbuche von

Lähn Band II Blatt Nr. 72

eingetragenen Grundstücks

ist folgendes eingetragen worden:

III. Abteilung, Spalte 5–7.

Zur lfd. Nr. der Eintragung: 3.
1.000 FGM. Abgetreten mit den Zinsen seit dem 1. Juli 1930 an Erich Kuhnt in Lähn. Eingetragen am 6. Januar 1931.

gez. Dr. Steinmetz. Koch.

Auf Anordnung:

Justizangestellter.

G. S. Nr. 35. Allgemeiner Vordruck für Bekanntmachungen in Grundbuchsachen.
Schlesische Druckerei A.-G., Breslau 2, Tauentzienstr. 49. 4b.

Bild 010/Umgerechnet: *1.000 FGM entsprechen in der heutigen Zeit 358,425 Gramm Feingold. Der Kurswert davon beträgt heute 10.958,70 Euro. Ob man das aus dem Grundbuch so umrechnen kann, weiß ich nicht. Auf jeden Fall dürfte es ein ungefährer Anhaltspunkt sein./Jan Krohn 13.10.2010*

KAPITEL 2

Die Kindheit

Am 10. Juli 1947 wurde ich in der Wohnung auf der Gartenstraße geboren. Am 09. August 1949 kam meine Schwester Giesela und am 21. April 1952 noch mein zweiter Bruder im Roßweiner Krankenhaus zur Welt. Nach den Erzählungen meiner Schwester Hannelore musste ich als Kleinkind mit bei ihr im Bett am Fußende schlafen. Nach der Geburt meiner Schwester Giesela haben wir, 6 Kinder, in 3 Betten geschlafen. Nachdem mein 2. Bruder geboren worden war, schlief er mit bei meinen Eltern im kleinen Schlafzimmer.

Mein Vater wurde als Arbeiter dem Wohnungsbau in Roßwein zugewiesen. Hier musste er in Zinkkanistern Ziegel und Kalkgemisch in die einzelnen Etagen tragen. Kalk zu löschen und Terrazzo zu schleifen waren weitere Tätigkeiten. Um etwas Geld dazuzuverdienen, hat er häufig zusätzlich am Wochenende Terrazzo geschliffen. Oft bin ich mit auf die Baustelle gegangen und habe meinem Vater das Wasser zum Schleifen geholt. Zu den Mahlzeiten haben wir Kinder unserem Vater das Mittagessen auf den Bau gebracht. Das von meiner Mutter zu Hause zubereitete Essen kam in einen damals üblichen Essenbehälter aus Aluminium. Eines Tages im Juni 1953 herrschte zur Mittagszeit in Roßwein tüchtiger Lärm. Nachdem ich vom Essentragen nach Hause gekommen war, ging ich dem Lärm nach und aus Richtung Haßlau kamen eine Menge russische Panzer. Voller Stolz erzählte ich das am Abend zu Hause und bekam deshalb von meinem Vater einige Ohrfeigen. Im späteren Leben habe ich erfahren, warum. Die Russen hatten in Roßwein einige Betriebe eingekesselt, weil die Arbeiter gestreikt hatten, und wollten in die nächste größere Stadt, nach Döbeln, marschieren. Es war die Streikwelle in der DDR, da die Versorgung zum täglichen Leben immer schlechter wurde. Mein Vater wollte sich an dem Streik beteiligen, hatte aber noch rechtzeitig nach Hause fliehen können, bevor die Russen die Betriebe abriegelten.

Durch das Löschen von Branntkalk auf dem Bau erkrankte mein Vater stark an Bronchialasthma, weshalb er 1953 im Alter von 53 Jahren vorzeitig in Rente geschickt wurde. Er bekam 135 Mark der DDR. So musste er nun seine Familie ernähren. Das reichte weder hinten noch vorne, so dass sich meine Mutter in verschiedenen Geschäften in Roßwein als Reinigungskraft etwas dazuverdienen musste. Obwohl wir sehr beengt wohnten, hatte ich doch eine schöne Kindheit auf der Gartenstraße. Meine größeren Geschwister, die in Lähn geboren waren, fanden das nicht so toll. Sie waren ganz andere Lebensbedingungen gewohnt.

Auf der Gartenstraße wohnte eine Familie Knepper, die unsere Familie sehr unterstützt hat. Später erfuhr ich, dass Herr Knepper auch immer als Weihnachtsmann zu uns gekommen war. Er beschenkte uns mit Spielzeug und Süßigkeiten. Mein Vater hat für die Familie Knepper auf der Bergstraße in Roßwein einen kleinen Garten bewirtschaftet. Dabei habe ich oft geholfen. Das hat mir viel Spaß bereitet. Die Bergstraße befindet sich auf der gegenüberliegenden Seite der Stadt. Als Dankeschön bekam mein Vater von Herrn Knepper Obst und Gemüse.

Gegenüber von dem Haus, in dem wir wohnten, wohnte auch Hansi. Er war so alt wie ich und wir hatten uns bald angefreundet. Gemeinsam spielten wir auf der Gartenstraße und im Winter fuhren wir mit dem Schlitten die Gartenstraße runter. Der Schlitten war eine Käsehitsche, wie dieses kleine Eisengestell mit einem darauf befindlichen Holzbrett genannt wurde.

Im Mai 1955 bekamen meine Eltern eine Wohnungszuweisung auf der Nossener Straße 13. Das war eine sehr große und geräumige Wohnung. Nun hatten wir Jungs und die Mädchen eigene Zimmer. Zu der Wohnung gehörte auch ein Hausgarten mit einer Fläche von ca. 400 m^2. In der dazugehörigen Laube wurden als erstes Hasenställe für 20 Hasen eingebaut. An einer anderen Stelle im Garten errichtete mein Vater einen

Hühnerzwinger mit einem Stall. Danach hörte er sich um, woher er Kaninchen und Hühner bekommen konnte. Bei Bauer Heft, der am Stadtrand von Roßwein einen großen Bauernhof hatte, wurden ein paar Kaninchen und Hühner geholt. Als die Kaninchen größer wurden, musste ich mit einem Behälter, in dem sich das Kaninchen befand, zu einem Kaninchenzüchter gehen, um es von einem Rammler, so nennt man das männliche Tier, decken zu lassen. So wurden mit der Zeit die Hasenställe voll. Ähnlich war es mit den Hühnern. Schon bald brüteten einige Hühner Eier aus. Ich weiß noch, dass es einen Hahn der Zuchtrasse Italiener gab, der sehr angriffslustig war, wenn ich in den Hühnerzwinger kam. Nun begann mein Vater mit einer eigenen Zucht von Kaninchen der Rasse „Deutsche Riesenschecke". Neugeborene Kaninchen wurden nach 6 Wochen verkauft. An der Haustür wurde ein Schild befestigt: „Verkaufe 6 Wochen alte Kaninchen, Deutsche Riesenschecke für 6,00 Mark." Der Verkauf lief perfekt. Ein Großteil der Eier von unseren Hühnern wurde bei einem Händler abgegeben und dafür bekam man einen Gutschein für Kleie. Diese konnte man in der Bäuerlichen Handelsgenossenschaft (BHG) abholen und zur Fütterung der Kaninchen unter die rohen Kartoffeln mischen. Schon bald hatten wir 20 Hasen und ebenso viele Hühner. Jetzt mussten sie entsprechend mit Futter versorgt werden. Wenn wir Kinder aus der Schule kamen, hieß es, erstmal einen Eimer Kartoffeln zu schneiden und danach auf Roßweiner Wiesen für die Hasen Maistöcke zu stechen. Während andere Kinder Hausaufgaben machten oder auf der Straße spielten, war im Besonderen ich derjenige, der die Arbeiten zu Hause verrichten musste. Im Garten wurden nur Blumen-angebaut, wie zum Beispiel Tulpen, Gladiolen, Nelken und Rosen, die an den Sonnabenden auf dem Wochenmarkt verkauft wurden. Die Woche über wurden diese ebenfalls über ein Schild an der Haustür angeboten. 1958 hatte mein Vater an der Freiberger Mulde einen zweiten Garten mit einer Fläche von ca. 200 m^2 erworben. Dort wurde nur Gemüse angebaut, welches zu einem Teil für den eigenen Verbrauch und zum anderen Teil ebenfalls für den Wochenmarkt bestimmt war.

Bild 012/*Mein Vater und mein Bruder auf dem Weg in den Garten.*

Bild 013/*Mein Bruder bei der Gurkenernte für den Wochenmarkt.*

In den ersten Jahren hatte das alles noch mein Vater selbsterledigt. Ab der 5. Klasse wurde die Aufgabe „Wochenmarkt“ mir übertragen. Da musste ich sonnabends, das war gegen 6:00 Uhr vor Schulbeginn, mit dem Handwagen auf den Markt gehen, um Blumen, Gurken und Erdbeeren zu verkaufen. Zuvor sollte ich immer schauen, wie bei den anderen Händlern die Preise waren, und sollte unsere Produkte 10 Pfennige billiger verkaufen. Bald darauf gab es Ärger mit den Händlern und ich musste mir allerhand Beschimpfungen anhören.

Um eine entsprechende Ernte zu erzielen, wurde der angefallene Mist von den Hasen mit dem Handwagen in den 3 km entfernten Garten gebracht. Zusätzlich mussten wir Jungs auf den Straßen in Eimern Pferdekot sammeln. Dieser wurde mit der Hand zwischen die Erdbeerreihen ausgebracht. Den Kaninchenmist mussten meine Brüder und ich untergraben.

Im Herbst ging es an den Wochenenden auf die abgeernteten Felder der umliegenden Dörfer der Stadt Roßwein, um Ähren zu stoppeln. Die Ähren wurden im Hausgarten mit Stöcken so bearbeitet, dass die Körner in ein darunterliegendes Tuch fielen. Die so gesammelten Körner wurden in die Roßweiner Mühle gebracht und gegen die entsprechende Menge Mehl getauscht. Daraus hat meine Mutter eigenes Brot gebacken. Auch mussten wir auf Kartoffelfeldern nachlesen gehen, nachdem der Bauer diese abgeerntet hatte. Das war verboten und deshalb sehr gefährlich. Wir durften uns nicht erwischen lassen. Einmal hatte mein großer Bruder die Idee: „Wenn der Bauer mit seinem Pferd die Kartoffeln aufgefahren hat und die Frauen zum Auflesen noch nicht in der Nähe sind, gehst du auf das Feld und schmeißt mir die Kartoffeln runter in den Graben.“ Mein Bruder las die Kartoffeln auf und warf sie in einen Sack. Dabei merkte ich gar nicht, dass der Bauer auf mich zukam und mich mit der Pferdepeitsche schlagen wollte. Ich bin auf und davon, habe den Handwagen geschnappt und bin nach Hause gerannt. In der Aufregung und vor Angst habe ich den Sack mit den Kartoffeln gar nicht gesehen. Mein Bruder war schon eher ausgerissen und hatte alles stehen und liegen lassen. Zu Hause angekommen, war der Ärger vorprogrammiert. Es ging dabei weniger darum, dass wir keine Kartoffeln heimgebracht hatten. Nein, das Schlimmste war, dass wir den Jutesack hatten liegen lassen.

Ein weiteres Erlebnis war das Stöcke roden im Wald. Hier holte sich mein Vater von der Stadt die Genehmigung, von den gefällten Bäumen die Wurzelstöcke roden zu dürfen. Das Holz wurde benötigt, um die große Wohnung zu beheizen. Die Kohlen zum Heizen waren ja mengenmäßig über Kohlenkarten kontingentiert. Als mein Vater erfahren hatte, dass Einwohner, die Studenten von der Ingenieurschule in Roßwein einquartierten, eine zusätzliche Kohlenkarte bekamen, schrieb mein Vater an Wilhelm Pieck, damals Präsident der DDR. Er beschwerte sich, dass er mit 7 Kindern und einer entsprechend großen Wohnung bei der Vergabe von Kohlenkarten unfair gegenüber Familien mit einer kleineren Wohnung behandelt wird. Prompt bekam er die Genehmigung, sich bei der Stadtverwaltung eine weitere Kohlenkarte abzuholen. Auf dem Rathaus sah man das als „Hintergehen" an und war von der Vorgehensweise meines Vaters enttäuscht.

Kurz vor Weihnachten 1955 reiste mein Vater nach Ostberlin zu seiner Mutter und Schwester und ich durfte mit. Eines Abends fuhren wir zu seinen Geschwistern nach Westberlin. Sein Bruder Kurt wohnte in einer Kellerwohnung am Kurfürstendamm. Er war Vertreter eines Süßwarenhändlers. Onkel Kurt setzte mich auf sein Bett und brachte mir einen Stapel Schokoladenplätzchen. Das war ein Genuss, welchem ich nicht widerstehen konnte. An einem großen runden Tisch saßen alle Geschwister von meinem Vater zusammen und diskutierten. Der Zigarettenrauch sammelte sich unter einer kleinen Schirmlampe und ich hatte inzwischen schon fast alle Plätzchen aufgegessen. Auf dem Nachhauseweg zur S-Bahn, mit der wir ja wieder in den Ostteil zu seiner Schwester fahren mussten, stand auf einer Straßenseite ein Händler, der Bananen anbot. Mein Vater schickte mich zu ihm und sagte: „Schnell, hol dir ein paar Bananen. Du musst sagen, dass du aus dem Osten kommst." Als ich vor dem Händler stand, wusste ich nicht mehr, was ich sagen sollte. Ich bin wieder zurück zu meinem Vater und der hat mir eine Ohrfeige verpasst, weil ich ohne Bananen zurückgekommen bin. Wieder bei seiner Schwester Else in Weißensee angekommen, ging es gleich ins Bett. Die Plätzchen lagen mir schwer im Magen. Am nächsten Abend gab es Gänsebraten. Es waren auch wieder einige Geschwister zusammengekommen.

Bild 014/*In der Mitte, sitzend, die Mutter meines Vaters, der von rechts der zweite ist, stehend. Alle anderen sind Geschwister und eine Schwägerin.*

Meine Oma Ida packte mir den Teller voll und sagte: „Iss mein Junge, so etwas kriegst du so schnell nicht wieder." Das Essen war sehr fettig. Mir wurde auf einmal schlecht und ich musste mich übergeben. Mein Essen landete wieder auf dem Teller. Mein Vater war entsetzt und schimpfte, was das Zeug hergab. Seine Mutter beruhigte ihn und mein Vater gab mir daraufhin eine Tablette. Kurz darauf wachte ich im Krankenhaus auf. Das Krankenhaus lag gegenüber der Wohnung meiner Oma auf der Schönstraße in Berlin-Weißensee. Später erfuhr ich von meinem Vater, dass er mir eine Parisalon-Tablette gegeben hatte. Diese Tabletten hatte er gegen sein Bronchialasthma von seinen Geschwistern aus dem Westen geschickt bekommen.

Es kam die Zeit, zu der in der DDR die Gründung von LPGs vorangetrieben wurde. Mitte der 50er-Jahre wurden die Bauern enteignet und sollten sich zu LPGs zusammenschließen. Viele Bauern machten auf sich aufmerksam und wollten dagegen vorgehen. Daraufhin wurden in Roßwein Flugblätter verstreut, mit dem Aufruf „Nehmt dem Bauer Heft das Heft aus der Hand.“ Bauer Heft besaß ein großes landwirtschaftliches Gut. Durch diese Aktionen war es für meinen Vater nicht mehr möglich, bei ihm freiwillige Arbeiten zu verrichten. Bei Bauer Heft arbeitete mein Vater an manchen Tagen als Landwirt, wofür er mit Kartoffeln, Rüben und sonstigen Naturalien belohnt wurde. Mit dem Handwagen musste ich bei ihm auch Stroh für die Hasen holen.

Meine Schwester Hannelore hatte unterdessen in der Miederwarenfirma Wagner in Roßwein auf der Herrmannstraße die Ausbildung zur Näherin abgeschlossen. Mit ihrer Freundin Elfriede haben sie oft im Mädchenzimmer der Wohnung heimlich diskutiert. Wehe, wenn einer von den Geschwistern in das Zimmer kam. Die beiden Damen hatten Heimlichkeiten, was meinen Vater immer wieder störte. Oft sagte er: „Horch mal, was die vorhaben.“ Es dauerte nicht lange, bis wir 1957 erfuhren, dass sie heimlich in die BRD ausgewandert waren.

In unserer Nachbarschaft gab es ein Kolonialwarengeschäft, das die Familie Bößwetter betrieb. Schon bald hatte ich mich mit einen der zwei Söhne der Ladenbesitzer, Hartmut, angefreundet. Ihr Garten grenzte an den Hühnerzwinger von unserem Hausgarten. Diese beiden Gärten waren von weiteren Nachbargärten durch die Roßweiner Stadtmauer getrennt. In der Stadtmauer waren zwei Schießscharten. Diese haben wir mit alten Decken zugehängt und uns heimlich vor unseren Eltern versteckt. Einmal hatte Hartmut eine kleine Schachtel Zigaretten aus dem Laden seiner Eltern gestohlen und wir rauchten heimlich in der Mauer. Ich kann mich noch gut an die Sorte Torf erinnern. Jedoch verriet uns der Qualm schon bald bei unseren Eltern. Ich muss nicht erzählen, was sich da zu Hause abgespielt hat. Ein anderes Mal hatten wir in Hartmuts Garten aus Decken ein Zelt gebaut und wollten nachts darin schlafen. Es war schon dunkel, und unsere Eltern gingen auf Suche. Als sie das Zelt im Garten sahen, mussten wir unser Vorhaben beenden und wir bekamen das nächste Donnerwetter. Die Eltern von Hartmut hatten in der Weihnachtszeit in der Wohnung eine elektrische Eisenbahn aufgebaut, die mit zwei Autobatterien betrieben wurde. Ich war gern bei Hartmut und meine Eltern hatten auch nichts dagegen, da die Familie Bößwetter wie unsere evangelisch war. Schon bald ging ich mit Hartmut in die Kurrende. Freitagnachmittags war Probe und am Sonntag sangen wir im Gottesdienst. Für die Probe bekamen wir 25 und für das Singen am Sonntag 50 Pfennig. Nach der Probe und dem Erhalt der 25 Pfennig ging ich oft zu unserem Bäcker und holte mir ein Packet frische Kuchenränder. Das war ein Genuss. Der Vater von Hartmut war unser Kantor. Er hatte einen Lkw-Mercedes mit zwei Sitzreihen auf der Ladefläche. An Feiertagen wurden wir Kurrendekinder vom Kantor zu einer Ausfahrt eingeladen. Oft fuhren wir in das Kloster Altzella bei Nossen. Einmal sprach mich der Kantor an, ob ich bei Beerdigungen das Kreuz tragen möchte. Für jedes Mal Kreuztragen gab es 50 Pfennig. Hartmut und ich sprachen uns immer ab, wer zum Kreuztragen Zeit hatte. Schon bald kam die Zeit des Konfirmandenunterrichts und schließlich mit der Konfirmation die Aufnahme in die Reihen der Erwachsenen. Mit meiner Konfirmation im Jahr 1962 schließe ich das Kapitel zu meiner Kindheit ab und möchte nun über meine Schulzeit berichten.

KAPITEL 3

Aus der Schulzeit

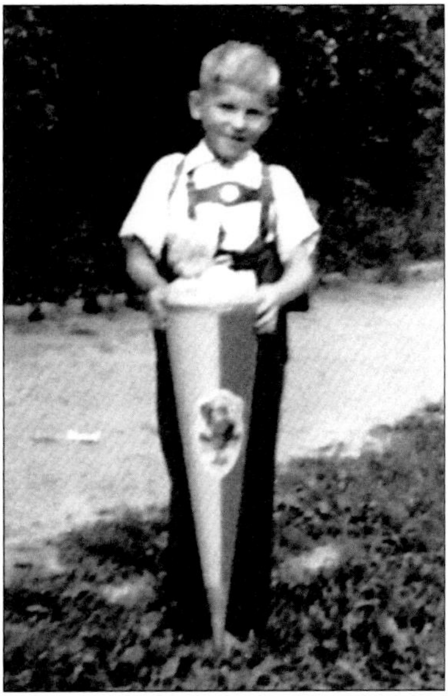

Meine Einschulung erfolgte am 04. September 1954 in die Geschwister-Scholl-Schule Roßwein. Unsere Zuckertüten empfingen wir von unserer Klassenlehrerin. Sie war eine junge und sehr nette Lehrerin. Mit Hansi, der gegenüber von uns gewohnt hat, bin ich in die gleiche Klasse eingeschult worden. Mit ihm habe ich mich gleich in eine Bankreihe gesetzt. Ich war der Kleinste in unserer Klasse. In meinem Schulranzen waren nur meine Brotbüchse, ein Lesebuch, das Rechenbuch, ein Holzkästchen mit Schieferstiften und eine Schiefertafel. Ja, auf der Schiefertafel haben wir mit einem Schieferstift unsere ersten Buchstaben und Zahlen geschrieben.

Erst später wurden die Tintenfässchen in den Schulbänken gefüllt und wir erlernten das Schreiben mit einer Tintenfeder. Da durfte man nicht aufdrücken, sonst war die Feder kaputt. Beim Wechseln so einer Feder hattest du ganz schnell die Finger voller Tinte. Ich weiß nicht mehr, wann ich den ersten Füllfederhalter bekommen habe. Dieser funktionierte wie eine Pipette. Erst mit der Herstellung von Patronenfüllfederhaltern wurde ein sauberes Schreiben gewährleistet.

Frühmorgens hatte meine Mutter mit dem Füllen der Brotbüchsen für uns Kinder ganz schön zu tun. Bevor es in die Schule ging, wurde ein Teller Mehlsuppe gegessen und eine Tasse Malzkaffee getrunken. Auf den Schulbroten war Margarine und Marmelade, etwas anderes war zu dieser Zeit für unsere Familie nicht möglich. Einen Hort gab es nicht. Nach der Schule ging es gleich nach Hause und die Freizeit wurde mit Spielen verbracht. Später, als es die ersten Hausaufgaben gab, half mir meine Schwester Hannelore. Meine Eltern hatten dafür keine Zeit.

In den Sommermonaten ging es barfuß in die Schule. Da die Fußböden in der Schule aus Holz waren und regelmäßig geölt wurden, hatte ich abends ganz schön zu tun, um die Füße sauber zu kriegen. Zum Abendessen gab es oft Brotsuppe. Diese wurde aus altbackenem Brot zubereitet. In den Wintermonaten wurde ein Ziegelstein in der Backröhre erhitzt, in ein Handtuch gewickelt und in das Bett gelegt. Er ersetzte eine Wärmflasche.

Damals war es üblich, dass die Erstklässler in die Pionierorganisation „Ernst Thälmann“ aufgenommen wurden. Als ich voller Stolz mit dem blauen Pionierhalstuch nach Hause kam, flippte mein Vater aus. Sofort riss er mir das Tuch runter und gab mir zu verstehen: „In unserer Wohnung wird so etwas nicht getragen.“

Nach dem ersten Schuljahr trennten sich die Wege von Hansi und mir. Hansi wurde nicht versetzt. Somit galt es nun, neue Freunde zu finden. Auf der Nossener Straße, wenige Häuser von unserer Wohnung entfernt, wohnte Frank Arnold, mit dem ich dann auf einer Schulbank saß. Frank war ein guter Schüler, dem das Lernen nicht schwer fiel. Ich musste immer ganzschön aufpassen, um im Unterricht alles zu verstehen. In der 4. Klasse bekamen wir einen neuen Klassenlehrer. Dieser hatte ganz schwarze Haare. Schon bald bekam er von uns Schülern einen Spitznamen, bezogen auf seine schwarzen Haare. Einem weiteren Lehrer mit dem gleichen Nachnamen, aber blonden Haaren, gaben wir ebenso einen Spitznamen. Das Lernen fiel mir immer schwerer. Nachdem meine Schwester Hannelore 1957 in den Westen geflohen war, gab es niemanden mehr, der meine Schulsachen und Aufgaben kontrollierte oder mir half. Auch wurde ich jetzt mit zunehmendem Alter nach der Schule immer mehr für die Gartenarbeit und Versorgung der Tiere eingespannt. Meine Lieblingsfächer waren Rechnen und später Physik. Wenn ich damals in Deutsch bei Diktaten oder Aufsätzen eine schlechte Note bekommen hatte, musste ich abends zu Hause unter Aufsicht meines Vaters aus der Zeitung große Artikel abschreiben. Das half aber auch nicht. Bei einigen Lehrern hatten meine Geschwister und auch ich schon bald den Verdacht, dass wir Kinder als Flüchtlinge angesehen wurden und das als Schüler auch zu spüren bekamen. So zum Beispiel wusste der Lehrer mit den schwarzen Haaren genau, wann er mich zu mündlichen Antworten aufrufen musste. Dadurch bekam ich in seinem Fach im Mündlichen immer schlechte Noten. Später, als noch Russisch und Chemie dazukamen, wurden meine Noten nicht besser.

Im fünften Schuljahr, es war im Mai 1959, kamen ein paar Jungs aus unserer Klasse auf die Idee, mit dem Fahrrad zur Zielankunft der Friedensfahrer nach Karl-Marx-Stadt, heute Chemnitz, zu fahren. Keiner hatte seinen Eltern etwas gesagt. Wir (ca. 15 Jungs) sind heimlich am Vormittag gestartet. Ich glaube, es war an einem Feiertag. Irgendwo haben wir die Autobahn gesehen. Einer von uns kam auf die Idee, wir fahren auf der Autobahn weiter. Es dauerte nicht lange, bis uns jemand aufforderte, sofort die Autobahn zu verlassen. Alle bekamen wir große Angst. Ich persönlich habe immer gehofft, dass wir uns nicht verfahren und vielleicht nicht mehr den Weg nach Hause finden. Aber alles ist gut gegangen. In Karl-Marx-Stadt kamen wir noch rechtzeitig an und konnten die Fahrer vor der Einfahrt in das Stadion bejubeln. Als wir abends bei Dunkelheit wieder in Roßwein ankamen, hielt uns ein Polizist an, da nur 3 Fahrräder eine intakte Beleuchtung hatten. Zu unserem Glück schaute zufällig ein Bürger aus einem Fenster seiner Wohnung und schrie nach unten: „Lass die Jungs in Ruhe, die haben unsere Friedensfahrer in Karl-Marx-Stadt angefeuert." Daraufhin ließ uns der Polizist weiterfahren und es ging nach Hause. Zu Hause angekommen, war das Theater perfekt. Strafarbeit war bei mir angesagt. Bei anderen Jungs gab es keine Spielzeit mit anderen im Freien. Trotz allem konnte uns niemand dieses tolle Abenteuer nehmen.

Im März 1961 fuhren alle 7. Klassen unserer Schule für 6 Wochen in die Pionierrepublik „Wilhelm Pieck" an den Werbellinsee.

Bild 017/*Das Unterkunftshaus 3 in dem unsere Schulklasse untergebracht war.*

Dort hatten wir auch Unterricht. Wenn ich mich noch richtig erinnere, war der Unterricht wie folgt aufgeteilt: Eine Woche vormittags 5 Stunden, die nächste Woche nachmittags 5 Stunden. Die Freizeit gestaltete sich durch Pionierarbeit. Unser Chemielehrer war als verantwortlicher Lehrer mitgefahren. Eines Abends knallte es im Unterkunftshaus und der Lärm war mit viel Qualm verbunden. Der Chemielehrer hatte einen Knallkörper gebaut und diesen zur Explosion gebracht. Es war der Auftakt zu einer Nachtwanderung. Auch hatten wir eine Busfahrt nach Berlin. Die erste Station war das Sowjetische Ehrenmal im Treptower Park. Danach ging es weiter zum Brandenburger Tor. Hier wurde uns von Grenzsoldaten die Wichtigkeit der Grenze erklärt. Ein Grenzsoldat stellte uns die Frage: „Schätzt mal, wie viele Säulen das Brandenburger Tor hat." Wir liefen um das Tor und fingen an zu zählen. Auf einmal entdeckten wir in ca. 500 Metern Entfernung im Westteil von Berlin zwei Panzer, auf einem Sockel stehend. Als wir dorthin laufen wollten, riefen unser Lehrer und die Soldaten uns zurück. Ihr dürft nicht dorthin, das ist der Westsektor.

Je länger wir in dem Pionierlager waren, umso mehr kam das Heimweh. Vor dem Tag der Abreise ging ich mit einem großen Teil der Jungs aus unserer Klasse auf den Holzsteg an der Badewiese, welcher sehr weit in den Werbellinsee hinein gebaut worden war.

Bild 018/*Der Badestrand am Werbellinsee.*

Ich kann mich noch gut daran erinnern, dass wir beim Singen eines Liedes unsere Pionierhalstücher in den See fallen lassen haben. Der Titel des Liedes war: „Muss ich denn zum Städele hinaus und du mein Schatz bleibst hier".

Am 12. April 1962 feierte ich meine Konfirmation in der evangelisch-lutherischen Kirche Roßwein *(Bild 019)*.

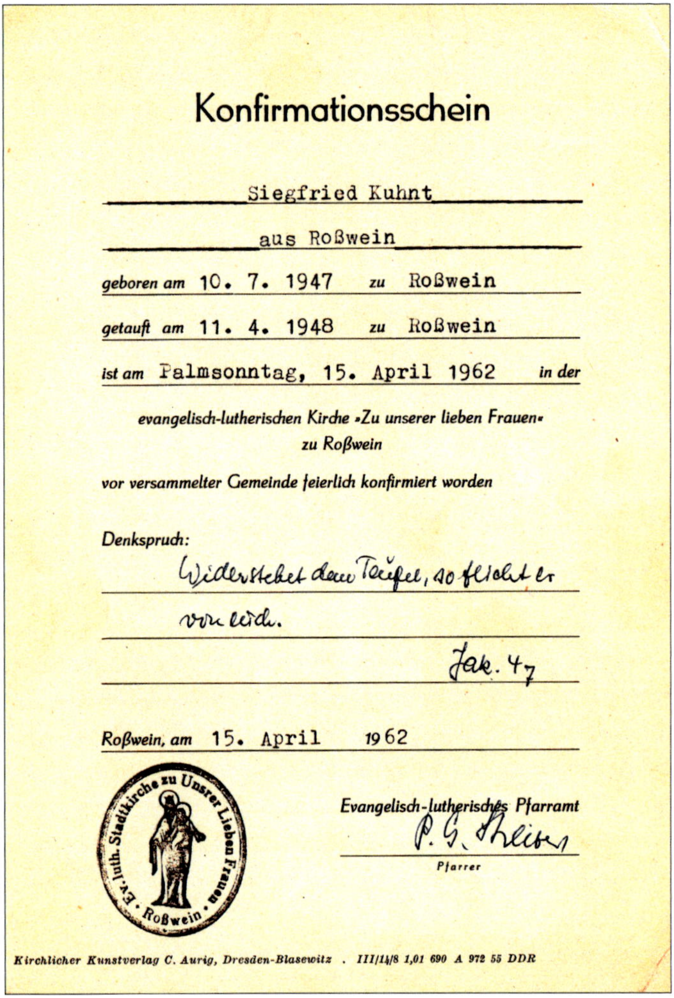

Konfirmationsschein

Siegfried Kuhnt

aus Roßwein

geboren am 10. 7. 1947 zu Roßwein

getauft am 11. 4. 1948 zu Roßwein

ist am Palmsonntag, 15. April 1962 in der

evangelisch-lutherischen Kirche »Zu unserer lieben Frauen«
zu Roßwein

vor versammelter Gemeinde feierlich konfirmiert worden

Denkspruch:
Widerstehet dem Teufel, so flieht er von euch.
Jak. 4,7

Roßwein, am 15. April 1962

Ev.-luth. Stadtkirche zu Unsrer Lieben Frauen · Roßwein ·

Evangelisch-lutherisches Pfarramt

Pfarrer

Kirchlicher Kunstverlag C. Aurig, Dresden-Blasewitz . III/14/8 1,01 690 A 972 55 DDR

Bild 019

Bild 020/*Die Geschwister-Scholl-Schule auf der Grafestraße in Roßwein.*

Im Mai 1962 wurde in der Schule ein Appell anlässlich des 40. Jahrestages der Leninpioniere (Pionierorganisation der damaligen Sowjetunion) durchgeführt. Der Großteil der Jungs aus unserer Klasse hatte dazu keine Lust. Wir schwänzten den Fahnenappell und gingen unserer Wege. Kurz danach wurde ein Elternabend einberufen. Meine Mutter kam nach Hause und erzählte meinem Vater davon. Da es am nächsten Tag dazu keine Diskussionen gab, war mir klar, dass das meinen Vater gar nicht interessierte. Zum Abschluss der 8. Klasse war eine Klassenausfahrt geplant. Zu dieser Ausfahrt fuhren nur unsere Mädchen. Da wir Jungs bei der Feierstunde zum 40. Jahrestag der Leninpioniere gefehlt hatten, mussten wir zu Hause bleiben. Als Strafarbeit sollten wir in dieser Zeit im Sputnikzentrum Arbeitseinsätze durchführen. Das war ein Freizeitobjekt für die Roßweiner Schüler. Das Sputnikzentrum befand sich an der Freiberger Mulde. Am ersten Tag der Strafarbeit blieben wir gar nicht lange. Gegenüber vom Sputnikzentrum befand sich eine Kirschallee. Wir haben uns beizeiten aus dem Staub gemacht, sind durch die Mulde gewatet und auf die Bäume geklettert. Da haben wir einen ordentlichen Mundraub an Kirschen betrieben. Am nächsten Tag sind wir gar nicht mehr im Zentrum erschienen, sondern sind mit dem Fahrrad nach Bieberstein, nähe Nossen, gefahren, um unsere Mädchen zu besuchen. Als wir dort ankamen, kamen die Mädels sofort aus der Jugendherberge und begrüßten uns. Kurz darauf kam der Klassenlehrer raus und forderte uns auf, sofort wieder nach Hause zu fahren. Später wurde wieder ein Elternabend einberufen. Auch hier gab es seitens meiner Eltern keine Bestrafung. Im Frühjahr 1963 hatte sich der Klassenlehrer bei meinen Eltern angemeldet. Es ging um meinen Schulabbruch in der 9. Klasse. Der Grund war das Fach Russisch. Hier stand ich im Halbjahr auf Note 5. Meinem Vater war es recht und er sagte in meinem Beisein: Russisch braucht mein Sohn als Bauer nicht, er muss mit den Tieren deutsch reden. Ich sehe heute noch das Gesicht von meinem Klassenlehrer. Der konnte keine Worte finden. Somit musste ich am Ende des 9. Schuljahres die Schule mit dem Zeugnis der 9. Klasse ohne Abschluss verlassen.

KAPITEL 4

Die Berufsausbildung

Meine Berufsausbildung begann im September 1963. Mit dem Einstieg in das Berufsleben bekam ich einen Sozialversicherungsausweis. In diesem wurden der jährliche Lohn und die Anstellung des jeweiligen Unternehmens eingetragen.

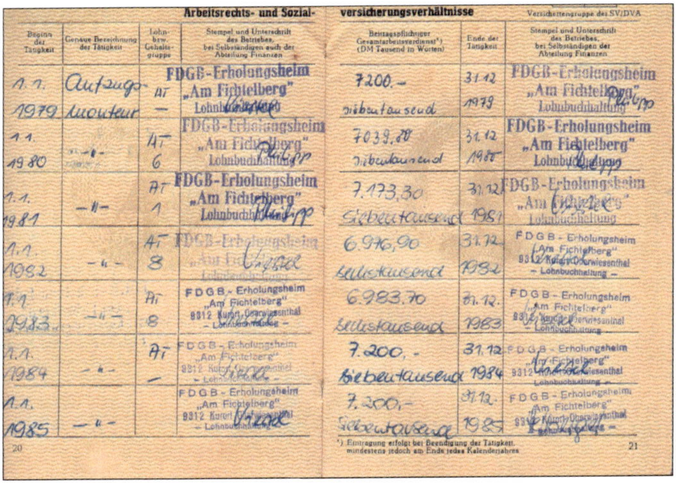

Arbeitsrechts- und Sozialversicherungsverhältnisse

Versichertengruppe der SV/DVA

Beginn der Tätigkeit	Genaue Bezeichnung der Tätigkeit	Lohn- bzw. Gehaltsgruppe	Stempel und Unterschrift des Betriebes, bei Selbständigen auch der Abteilung Finanzen	Beitragspflichtiger Gesamtarbeitsverdienst*) (DM Tausend in Worten)	Ende der Tätigkeit	Stempel und Unterschrift des Betriebes, bei Selbständigen der Abteilung Finanzen
1.1. 1979	Aufzugsmonteur	AT —	FDGB-Erholungsheim „Am Fichtelberg" Lohnbuchhaltung	7200.– siebentausend	31.12. 1979	FDGB-Erholungsheim „Am Fichtelberg" Lohnbuchhaltung
1.1. 1980	-"-	AT 6	FDGB-Erholungsheim „Am Fichtelberg" Lohnbuchhaltung	7039,80 siebentausend	31.12. 1980	FDGB-Erholungsheim „Am Fichtelberg" Lohnbuchhaltung
1.1. 1981	-"-	AT 1	FDGB-Erholungsheim „Am Fichtelberg" Lohnbuchhaltung	7.173,30 Siebentausend	31.12. 1981	FDGB-Erholungsheim „Am Fichtelberg" Lohnbuchhaltung
1.1. 1982	-"-	AT 8	FDGB-Erholungsheim „Am Fichtelberg" Lohnbuchhaltung	6.976,90 sechstausend	31.12. 1982	FDGB - Erholungsheim „Am Fichtelberg" 9312 Kurort Oberwiesenthal – Lohnbuchhaltung –
1.1. 1983	-"-	AT 8	FDGB - Erholungsheim „Am Fichtelberg" 9312 Kurort Oberwiesenthal – Lohnbuchhaltung –	6.983,70 sechstausend	31.12. 1983	FDGB - Erholungsheim „Am Fichtelberg" 9312 Kurort Oberwiesenthal – Lohnbuchhaltung –
1.1. 1984	-"-	AT —	FDGB - Erholungsheim „Am Fichtelberg" 9312 Kurort Oberwiesenthal – Lohnbuchhaltung –	7.200,– Siebentausend	31.12. 1984	FDGB - Erholungsheim „Am Fichtelberg" 9312 Kurort Oberwiesenthal – Lohnbuchhaltung –
1.1. 1985	-"-		FDGB - Erholungsheim „Am Fichtelberg" 9312 Kurort Oberwiesenthal – Lohnbuchhaltung –	7.200,– Siebentausend	31.12. 1985	FDGB - Erholungsheim „Am Fichtelberg" 9312 Kurort Oberwiesenthal – Lohnbuchhaltung –

*) Eintragung erfolgt bei Beendigung der Tätigkeit, mindestens jedoch am Ende jedes Kalenderjahres

20 21

Bild 021/*In dem Sozialversicherungsausweis wurde jährlich das Einkommen bis zu 7.200 Mark der DDR eingetragen. Das war die Summe, aus welcher der Sozialversicherungsbeitrag errechnet wurde. Der monatliche Bruttolohn über 600 Mark der DDR wurde nicht berücksichtigt. Eine Rentenversicherung war darin nicht enthalten.*

Auch ärztliche Besuche wurden in diesem Ausweis registriert.

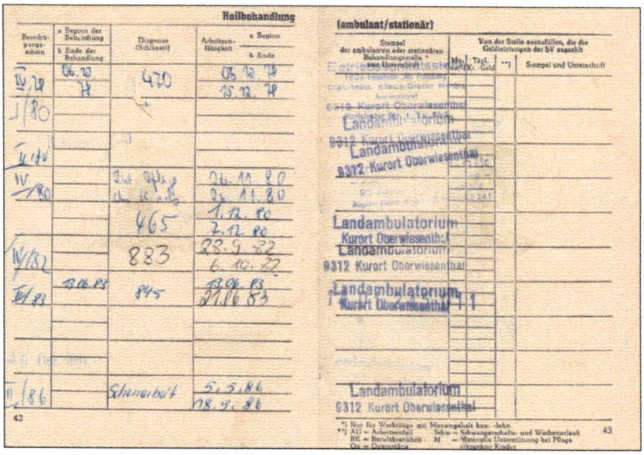

Bild 022/*Bei einem Arztbesuch war es Pflicht, den Sozialversicherungsausweis dem Arzt vorzulegen, um den Arztbesuch eintragen zu lassen.*

Ein weiterer Ausweis war der vom Freien Deutschen Gewerkschaftsbund.

Bild 023/*In dem Mitgliedsbuch des Freien Deutschen Gewerkschaftsbunds wurde monatlich die Mitgliedsmarke eingeklebt. Diese betrug 1 % des Bruttolohns. Zuzüglich war es Pflicht, eine Solidaritätsmarke einzukleben. Diese Summe wurde vorgegeben.*

Nur wer diesen hatte, hatte die Möglichkeit, einen Urlaubsantrag über den FDGB zu beantragen.

Meine Eltern hatten von der Schule eine Empfehlung bekommen, dass ich in Ebersbach bei Döbeln eine Lehre zum Agrartechniker aufnehmen kann. Das wollte ich aber nicht. Ich wollte Elektriker werden. Mit meiner Mutter ging ich in die Produktionsgenossenschaft des Elektrohandwerks. (PGH Elektro) in Roßwein und bat um eine Lehrstelle. Das Gespräch verlief zufriedenstellend, da ich in Mathematik und Physik die gewünschten Noten hatte. Wenige Tage später bekamen meine Eltern per Post die Absage für diese Lehrstelle. Somit musste ich mit meiner Mutter nach Ebersbach fahren. Es war keine Landwirtschaftliche Produktionsgenossenschaft (LPG), sondern ein Volkseigenes Gut (VEG). Das Volksgut war ein ehemaliges, 1945 enteignetes Rittergut. Sofort bekam ich eine mündliche Zusage und musste nur noch eine schriftliche Bewerbung abgeben. Wir waren 3 Lehrlinge, die in diesem Jahr in das Volksgut aufgenommen wurden. Ich als Agrartechniker und die beiden anderen als Tierzüchter in der Rinder- und Schweinezucht. Jeder von uns hatte sein eigenes Zimmer im Verwaltungsgebäude und dazu eine Vollverpflegung. Das Essen war richtig gut. An den Wochenenden bin ich mit dem Fahrrad die 8 km nach Hause gefahren. Das Fahrrad hatte ich von meinem großen Bruder übernommen, der ja im April 1961 in die BRD geflohen war. In die Berufsschule nach Zschaitz fuhr ich mit dem Bus bis Döbeln und weiter mit dem Zug. Ab dem 2. Lehrjahr bin ich im Sommer mit dem Fahrrad gefahren. Die Strecke war ca. 10 km lang. Die ersten Monate im ersten Lehrjahr musste ich mit der Frauenbrigade auf den Feldern arbeiten. Im Winter war ich im Rinderstall. Als Lehrling musste man ein Vierteljahr in der Rinder- und ein Vierteljahr in der Schweinezucht Kenntnisse erwerben. Das war gar nicht meine Sache, es musste aber sein.

Ab dem Frühjahr 1964 musste ich meine Lehre in dem nahe gelegenen Volksgut Stockhausen fortsetzen. Die Lehrlinge der Tierzucht blieben in Ebersbach. Die Unterbringung erfolgte in einem Internat eines Vier-Seiten-Hofes in Mannsdorf bei Döbeln. Im Wohngebäude befanden sich im Erdgeschoss der

Fernsehraum, zwei Umkleideräume für die Mädchen und Jungen, der Speisesaal und das Büro der Heimleitung. Im 1. Obergeschoss wohnten die Mädchen, getrennt durch eine Tür vom Treppenhaus, die abends um 21:00 Uhr abgeschlossen wurde. Im 2. Obergeschoss wohnten die Jungs. In jeder Etage befand sich am Ende des Flurs ein Waschraum mit 10 Waschbecken. Wenn wir am Ende eines Ausbildungstages in das Internat kamen, ging es sofort in den Waschraum. Da es keine Duschen gab, stellten wir uns nackt an das Waschbecken und schütteten mit den Händen das Wasser aus dem zugestöpselten Waschbecken an unseren Körper. Da in den Waschräumen ein Fußbodeneinlauf war, gab es somit auch kein Problem von Überschwemmungen. Wenn aber die Mädchen an ihren 10 Waschbecken es ähnlich handhabten, hatten wir im darüber liegenden Geschoss kein Wasser. Eines Tages hatten wir uns aus der Küche große Gurkengläser geholt und mit kaltem Wasser gefüllt. Als wir wieder einmal vor unseren Waschbecken standen und kein Wasser mehr kam, banden wir uns das Handtuch um, nahmen die vollen Gläser mit kaltem Wasser und machten uns auf den Weg zum Mädchenwaschraum. Einer machte die Tür auf und wir überschütteten die nackten Mädels mit dem kalten Wasser. Das waren Späße, die unser Heimleiter gar nicht für gut befand, und somit gab es Strafarbeiten auf dem Außengelände. In unserem Zimmer waren wir zu dritt, alle mit der Ausbildung zum Agrartechniker. In diesem Heim gab es eine Erzieherin, die immer Frühdienst hatte und zum Wecken eingeteilt war. Wenn sie uns frühmorgens weckte, klopfte sie an die Tür und stand aber auch gleich im Zimmer. Einmal war ein Lehrling schon wach und auf dem Weg zum Waschraum. Als die Erzieherin in das Zimmer kam, reckte der Lehrling ihr den nackten Hintern entgegen. Ihre Art war immer sehr lustig und humorvoll. Sie hat alles sehr entspannt gesehen. Die Ausbildung in Stockhausen hat richtig Spaß gemacht. Meine Ausbilderin war Gudrun Dietze. Sie war sehr streng, aber eine Ausbilderin, die mir sehr viel mitgab. Das Gut in Stockhausen war auch ein ehemaliges Rittergut gewesen und hatte einen großen Park mit einem Schloss. Im Schlossgebäude war die Verwaltung untergebracht. Ebenso befand sich dort der Speiseraum, in dem wir unsere Mahlzeiten einnahmen. In einem Pferdestall gab es 10 Pferde. Wir wurden sofort damit vertraut gemacht, die Pferde zu pflegen, und lernten sehr schnell, sie einzuspannen und als Gespann zu führen. Wenn ich, wie jeder Lehrling auch, eine Woche im Pferdestall eingesetzt wurde, mussten frühmorgens die Pferde geputzt werden. Der Stallmeister verlangte, dass vor der Box des jeweiligen Pferdes 10 starke weiße Striche aus dem Striegel auf das Stallpflaster ausgeklopft werden. Diese Striche waren der Schweiß der Pferde, welcher sich in dem Striegel befand. Wenn die Traktoristen mit der Technik die Saat auf den Feldern ausbrachten, mussten wir Lehrlinge, jeder mit einem Pferd, die Saat eineggen. Kartoffeln und Rüben hacken, mit der Sense Gras mähen, mit einer Gabel gemähtes Futter oder Heu laden–das waren die Hauptaufgaben zum Ende des ersten Lehrjahres.

Bild024*/Im Vordergrund unsere Ausbilderin, Gudrun Dietze. Hier mussten wir zwischen den Rübenzeilen Unkraut entfernen und dabei die Erde auflockern.*

Im 2. Lehrjahr wurde ich an die Technik herangeführt. Nun endlich begann die Ausbildung zu einem Agrartechniker. Wir Lehrlinge wurden vorrangig bei einem Traktoristen auf der angekoppelten Technik eingesetzt. Hier lernte ich den Umgang mit den entsprechenden Geräten wie Mähloader, Strohpresse, Rüben-, Kartoffellege- und Kartoffelvollerntemaschine kennen. Auch das Bedienen eines Mähdreschers E 175 und eines Druschsatzes, welcher mittels einer Transmission durch einen Lanz-Bulldog betrieben wurde, gehörte zum Lernprogramm.

Bild 025/*An diesem Traktor Universal U 650 war ein Mählader angekoppelt, der über eine Aufnahmetrommel den Grünschnitt auf den angekoppelten Hänger blies. Auf diesem Mählader musste man den Auswurf und die Aufnahme steuern.*

Im Internat gab es eine Gruppe der Freien Deutschen Jugend (FDJ) und eine Gruppe für Gesellschaft, Sport und Technik (GST). Da ich schon im 9. Schuljahr nicht der FDJ beigetreten war, gab es auch hier für mich keine Mitgliedschaft. Oft wurde ich vom Heimleiter und FDJ-Sekretär angesprochen, Mitglied der FDJ zu werden. Ich lehnte immer ab, da ich wusste, wie mein Vater darauf reagieren würde. Mit der GST konnte ich mich anfreunden, da es ja eine Vorausbildung für die Nationale Volksarmee (NVA) war und ich den Wehrdienst sowieso nicht umgehen konnte, weil es gesetzlich geregelt war.

Als Mitglied der GST wurde uns zugesichert, die Motorradprüfung ablegen zu dürfen. Das war mir erfolgreich gelungen. In der Gruppe gab es 5 Touren-AWOs und ein Motorrad Molotov mit Seitenwagen. Dieses fuhr der GST-Leiter. Die AWO war schon eine schwere Maschine, mit der man auch Achten fahren musste. Die GST-Gruppe besaß eine Schießbude, wo man mit einem Luftgewehr auf Papierblumen schießen konnte. Die Schießbude stand in Döbeln im Bürgergarten. Unser GST-Leiter suchte zwei Jungs aus unserer Gruppe mit der Bitte auf, im Sommer an Wochenenden die Schießbude zu bedienen. Sofort erklärte ich mich mit einem Zweiten aus unserer Gruppe dazu bereit. Es war Reiner. Dieser freiwillige Dienst war für uns mit vielen schönen Erlebnissen verbunden.

Das schönste Lehrjahr war das dritte. Endlich wurde mit einem IFA RS-01 Pionier die Prüfung für den Traktor abgelegt. Dieser musste mit einer Kurbel gestartet werden. Als Erstes wurde mit einem Hebel an der Seite die Spritzufuhr von Diesel auf Benzin umgestellt. Nun galt es, vorn unter dem Kühler mit aller Kraft die Kurbel zu betätigen. Nachdem der Motor gestartet worden war, galt es, schnell die Kurbel abzuziehen und an der Motorseite mit dem Hebel auf die Spritzufuhr Diesel umzustellen. Die Fahrschule wurde generell mit einem angekoppelten Hänger absolviert. Über die Seitenplanken wurde ein schmales Brett gelegt, auf dem eine leere Milchkanne stand, die beim Anfahren an einem Berg nicht runterfallen durfte. Dadurch hat man ein gutes Gefühl für das Treten der Kupplung und das Gas geben bekommen. Eine Fahrt durch die Kreisstadt Döbeln war ebenfalls dabei. An einer Kreuzung musste ich durch das rote Signal anhalten und bei Grün wieder anfahren. Dabei ging der Traktor aus. Nun galt es, den „Pionier“ mit der Kurbel anzuwerfen. Ich hatte richtige Schwierigkeiten, da an dem Straßenrand die Leute zuschauten. Es war so was von peinlich und ich musste mehrmals ansetzen, bis der Traktor startete. Ich war heilfroh, wieder in Stockhausen zu sein. Bei der Prüfung passierte mir das nicht mehr. Zum Abschluss der Fahrprüfung musste ich einen Anhänger rückwärts auf die Tenne einer Scheune fahren. Das erfolgte reibungslos. Danach erfolgten die Prüfungen zum Bedienen der Technik, die mit Hilfe einer Zapfwelle an einen Traktor angekoppelt wurde. Meine erste Arbeit mit der Technik war, mit dem Traktor IFA RS-01 Pionier Gülle auf die Wiesen zu bringen (Bild 026.1). Das Anbringen eines Hack- und Häufelgerätes an den Lochkörper eines RS 08/15 war eine weitere Arbeit, mit der ich die Kartoffelzeilen anhäufeln musste. Der in der DDR gebaute einholmige Geräteträger RS 08/15 wurde auch Maulwurf genannt. Vielseitige Einsatzmöglichkeiten haben den Maulwurf zu einem unentbehrlichen Gerät gemacht, vor allem aber spielte er bei den Pflegearbeiten eine bedeutende Rolle. Sein Nachfolger war der RS 09.

Bild 026. 1

Bild 026/*Der Maulwurf wurde von einem Zeitakt-Vergasermotor mit einer Leistung von 15 PS angetrieben. Die Abstufung des Getriebes in 8 Gängen ermöglichte eine Geschwindigkeit von 1,6 bis 15,8 km/h. Alle Gänge sind zum Rückwärtsfahren geeignet.*

Im 3. Lehrjahr durfte ich an den Bezirksmeisterschaften für Landwirtschaft in Markkleeberg teilnehmen. Es galt, sechs verschiedene Düngersorten in ihrer Zusammensetzung zu bestimmen. Weiter mussten an einem Geräteträger RS 09 dreimal vier verschiedene Rübenhackfüße montiert und jedes Mal 100 Meter zwischen den Rübenzeilen die Erde aufgelockert werden. Ich errang den 6. Platz. Ich weiß nicht mehr, wie viele Lehrlinge von allen VEGs und LPGs aus dem Bezirk Leipzig dabei waren. Es waren allerhand Lehrlinge. Nach dem Erfolg sprach mich meine Ausbilderin, Gudrun Dietze, an und empfahl mir, nach dem Abschluss als Facharbeiter eine Fachschulausbildung zum Agronom zu absolvieren. Ich bat um Bedenkzeit und sprach mit meinen Eltern darüber. Mein Vater war sofort einverstanden, wenn es nicht an eine Mitgliedschaft in der SED gekoppelt ist. Später erfuhr ich, dass das die Bedingung sei. Somit habe ich dieses Studium ausgeschlagen mit der Begründung, ich möchte lieber Traktorist bleiben.

Wenige Tage später gab es für mich ein nicht so schönes Erlebnis. Ich wurde zum Heimleiter bestellt, wo auch der FDJ-Sekretär saß. Beide versuchten, mich zu überzeugen, in die FDJ einzutreten. Immer wieder sagte ich Nein. Nun musste ich vorsichtig sein, da die Fragen ganz speziell angesetzt waren. Als der FDJ-Sekretär dann äußerte „Was kann man schon von einem Flüchtlingskind erwarten?“, wurde es mir zu bunt. Ich erwiderte: „Ich bin kein Flüchtlingskind, sondern meine Eltern sind von den Polen aus ihrer Heimat Schlesien vertrieben worden und mussten denen ihr ganzes Hab und Gut überlassen. Wir sind Heimatvertriebene und keine Flüchtlinge.“ Als wir Lehrlinge eines Abends aus dem Kino in Döbeln zurück ins Internat gingen, hatte ich mit dem FDJ-Sekretär eine körperliche Auseinandersetzung. Das Ergebnis im Nachhinein war: 8 Monate Gefängnis auf 2 Jahren Bewährung ausgesetzt.

Nach meiner erfolgreich abgelegten Prüfung und der Entgegennahme meines Facharbeiterzeugnisses im Juni 1966 ging ich wieder nach Ebersbach auf das Volksgut und durfte sofort einen nagelneuen Traktor übernehmen.

KAPITEL 5

Das Leben nach Abschluss der Berufsausbildung zum Agrartechniker

Nach Beendigung der Lehre und Erhalt des Facharbeiterbriefs ging ich im Juli 1966 nach Ebersbach zurück und konnte sogar mein früheres Zimmer wieder beziehen.

Bild 027/*Mein Zimmer auf dem Volksgut in Ebersbach bei Döbeln, Sachsen.*

Nun musste ich abwarten, was passiert. Anfangs musste ich bei anderen Traktoristen auf den verschiedenen Geräten mitfahren und diese bedienen. Schon bald wurde mir ein nagelneuer Traktor Universal U 650 anvertraut.

Der Traktor Universal U 650 ist ein mittelstarker Radschlepper gewesen, der vielseitig einsetzbar war. Es war ein in Rumänien hergestellter Traktor. Ich war richtig stolz, so eine Maschine fahren zu dürfen. Nun musste ich beruflich beweisen, was ich zum Umgang mit der Technik gelernt hatte. Als Erstes musste ich mit einem Mähladen Futter für die Rinder und Pferde vom Feld holen. Mir gelang es sehr gut, alles selbstständig umzusetzen.

Bild 028/*Meine Zugmaschine vor der Garage. Diese Zugmaschine U 650 war ein in Rumänien hergestellter mittelstarker Radschlepper, der vielseitig einsetzbar war. Er hatte 6 Vorwärts- und einen Rückwärtsgang. Alle konnten sie mit Hilfe eines Hebels, ohne die Kupplung zu treten, in einen Kriechgang versetzt werden. Das war zu dieser Zeit, in der ehemaligen DDR, das Beste, was es an Radschleppern gab.*

Schon bald lernte ich ein Mädchen kennen und es war Liebe auf den ersten Blick. Das Mädchen hieß Adelheid und wohnte bei ihren Großeltern (Bild 029). Ihre Eltern waren vor dem Mauerbau in den Westen geflohen und hatten Adelheid bei den Großeltern zurückgelassen. Ihre Oma war auf dem Volksgut die Leiterin der Frauenbrigade für Feldarbeiten und ihr Opa der Brigadier einer Maurerbrigade. Die Großeltern hatten auch privat etwas Landwirtschaft. Natürlich habe ich an Wochenenden bei ihren Großeltern mitgeholfen. Das beeindruckte sie sehr und ich war gern gesehen. Bis in den Winter hinein habe ich durch die vielen Arbeitsstunden im Volksgut richtig gutes Geld verdient. Es hat ja auch Spaß gemacht, von früh bis spät mit so einer Technik arbeiten zu dürfen. Dabei hat mich die Anzahl der Stunden nicht interessiert. In den Wintermonaten habe ich den Schneepflug gefahren, Futter aus den Silos geholt und in der VEG-Werkstatt mitgearbeitet. Die Winterzeit wurde für Reparaturen und die

Wartung der gesamten Technik genutzt, damit diese im Frühjahr wieder einsatzbereit war.

Bild 029

Mit der Zeit hatte ich so viel Geld gespart, dass ich mir ein Motorrad kaufen konnte. Es war eine MZ ES 150. Ich kann mich noch genau an den Preis erinnern. Das Motorrad kostete 1.310 Mark der DDR. Mit dem Motorrad habe ich Adelheid das erste Mal mit zu meinen Eltern genommen, um sie ihnen vorzustellen (Bild 030). Meine Eltern waren sehr begeistert von ihr und hofften, dass es bei der Freundschaft bleibt. Schon bald ging es an den Wochenenden mit Adelheid auf Tour zum Baden nach Kriebstein, zu Festen in die verschiedensten Städte und abends ins Kino nach Döbeln. Das passte den Großeltern gar nicht. Es dauerte nicht lange und ich war unter den Mitarbeitern auf dem Volksgut der Buhmann. Dafür haben die Großeltern gesorgt, da ich nicht mehr in jeder freien Stunde auf ihrem Hof geholfen habe. Es war ein Spießrutenlauf. Adelheids Großeltern untersagten ihr, die Freundschaft mit mir fortzuführen.

Bild 030

Als ich wieder einmal nach Hause gefahren war, fragten meine Eltern, wo Adelheid ist. Ich schilderte kurz den Sachverhalt und mein Vater meinte: „Lass sie laufen und renn ihr nicht hinterher, das geht schief." Daraufhin wollte ich auf dem Volksgut nicht mehr arbeiten. Es tat mir weh, da ich die Arbeit gern gemacht hatte. Mein Vater meinte: „Es gibt genug andere landwirtschaftliche Betriebe, in denen du dein Gelerntes umsetzen kannst." An einem Sonnabend bin ich in das etwas außerhalb von Roßwein gelegene Freibad „Wolfstal" gefahren, um dort einige meiner Freunde zu treffen. Auch hier war die erste Frage: „Wo ist denn deine Adelheid?" Eine kurze Erklärung und dabei blieb es. Ein Freund, es war Burkhardt Knoll, sagte mir, fang bei uns in der PGH Stahlbau an. Du kannst da in Abendschule eine Ausbildung zum Maschinen- und Stahlbauschlosser machen. Das hatte mich sofort interessiert. Im März 1968 gab ich auf dem Volksgut die Kündigung ab. Der Vorsitzende zerriss die Kündigung mit der Antwort: „Du darfst einen landwirtschaftlichen Betrieb nicht verlassen." Am darauffolgenden Wochenende fuhr ich nach Hause, schilderte das meinem Vater, der vor Wut außer sich war. Er hatte auch gleich eine Antwort parat. „In Roßwein gibt es eine Bäuerliche Handelsgenossenschaft (BHG). Frag doch dort mal nach, ob du eine Anstellung bekommen kannst." Das habe ich sofort angestrebt. Beim Vorstellungsgespräch wurde mir zugesichert, dass ich nach Ablauf der Kündigungsfrist unmittelbar in der BHG anfangen kann. Voraussetzung dafür war allerdings, dass ich mich bereit erkläre, einen Lehrgang zum Kranführer für den Ladekran T157 zu machen. Das war in meinem Interesse. Ich schrieb eine neue Kündigung mit der Begründung, mich in der BHG Roßwein weiterbilden zu wollen. Nun wurde meine erneute Kündigung akzeptiert und das Thema Volksgut war für mich beendet.

Am 1. Mai 1968 begann ich meine Tätigkeit in der BHG. Ich freute mich auf den Lehrgang zum Kranführer und konnte es gar nicht erwarten, bis er losging. Keiner wusste aber, dass die BHG für mich nur ein Sprungbrett zur PGH Stahlbau war. Einen Monat später begann der Lehrgang zum Führen eines Ladekrans T 157. Mit der erworbenen Berechtigung zum Führen eines Hydraulikkrans hatte ich wieder eine Etappe abgeschlossen. Ich wurde auf verschiedenen LPGs eingesetzt, um auf den Feldern Düngerstreuer mit Kuhmist zu beladen. Dieser wurde auf die Felder gestreut. Da wurde nach beladenen Hängern abgerechnet. Hier erlebte ich das erste Mal, dass sich Leistung zu erbringen, deutlich auf dem Lohnzettel auszahlt. Mein Freund Burkhardt fragte mich gelegentlich, wann ich denn im „Stahlbau" anfangen will. Im September 1969 beginne die Abendschule zum Maschinen- und Stahlbauschlosser. Er hatte schon mit dem PGH-Vorsitzenden gesprochen. Die PGH lag in Roßwein auf der gleichen Straße gegenüber der BHG. Somit bekam ich schon heimlichen Kontakt zu den Mitarbeitern in der PGH. An den Freitagen traf ich mich abends mit meinen Freunden zum Skat spielen. Das fand im Stadtcafé von Roßwein statt. In der ersten Stunde spielten wir in eine Kasse, danach Bierlax. Um 22:00 Uhr war immer Schluss, da das Café schloss. Als wir im August 1968 eines Freitags nach Hause gehen wollten, sahen wir auf der Straßenkreuzung einen russischen Soldaten in voller Kampfmontur. Er tat uns leid, weil das Wetter ungemütlich war. Wir holten aus dem Stadtcafé schnell ein paar Flaschen Bier und versuchten, uns mit unseren wenigen Russischkenntnissen mit ihm zu unterhalten. Er bedankte sich für das Bier, sah aber in ca. 100 Metern Entfernung ein russisches Motorrad kommen. Schnell gab er uns die Bierflasche zurück und deutete uns an wegzugehen, was wir auch taten. Auf dem Motorrad saß ein russischer Offizier. Er hielt an, nahm einen Schlagstock, schrie und prügelte auf den Soldaten ein. Es dauerte nicht lange und ein Konvoi von russischen Panzern kam angefahren. Später erfuhren wir, dass es die Vorbereitungen zum Einmarsch in die Tschechoslowakische Republik (CSSR) waren. Die Sowjetarmee hatte im Zellwald bei Nossen ein Lager aufgeschlagen. Von da aus war es nicht mehr weit bis in die CSSR.

Ende Januar 1969 gab ich meine Kündigung in der BHG ab und der Vorsitzende erklärte mir, so einfach gehe das nicht. „Wenn du das ernst meinst, bezahlst du den Kranlehrgang." Wieder sprach ich mit meinem Vater darüber. Er gab mir einen weiteren Tipp: „Im DDR-Rundfunk kommt öfters die Sendung ‚Prof. Dr. Kaul antwortet auf Hörerfragen'. Schreib ihm und schildere, wie man mit dir umgeht." Ich ließ keinen Tag vergehen, setzte mich hin und schrieb einen Brief an den Rechtsanwalt Prof. Dr. Kaul. Ich schilderte den Sachverhalt und es dauerte gar nicht lange, bis ich eine Antwort bekam. Als Briefkopf war groß und deutlich das Zeichen vom Deutschen Demokratischen Rundfunk erkennbar. Mir wurde kurz mitgeteilt, dass jeder Bürger der DDR das Recht auf die Weiterbildung hat, die ihm beliebt. Unabhängig davon, in welchem Betrieb sie stattfindet. Da ich meine erste Kündigung schon vor über 4 Wochen eingereicht hatte, ging ich in das Büro des BHG-Vorsitzenden und stellte Folgendes dar: „Meine erste Kündigung ist rechtskräftig und ich höre mit dem heutigen Tag sofort in der BHG auf." Die Antwort war: „Du darfst nicht so einfach aufhören und wenn du das durchziehst, hat das rechtliche Konsequenzen. Als Erstes bezahlst du den Kranlehrgang.“ Ich zeigte ihm nur den Briefkopf und sagte, dieser Brief gibt mir das Recht, hier zu kündigen. Er wollte den Brief sehen und ich antwortete: „Ja, vor Gericht und nicht eher.“ Daraufhin bin ich aus dem Büro raus und habe die BHG verlassen.

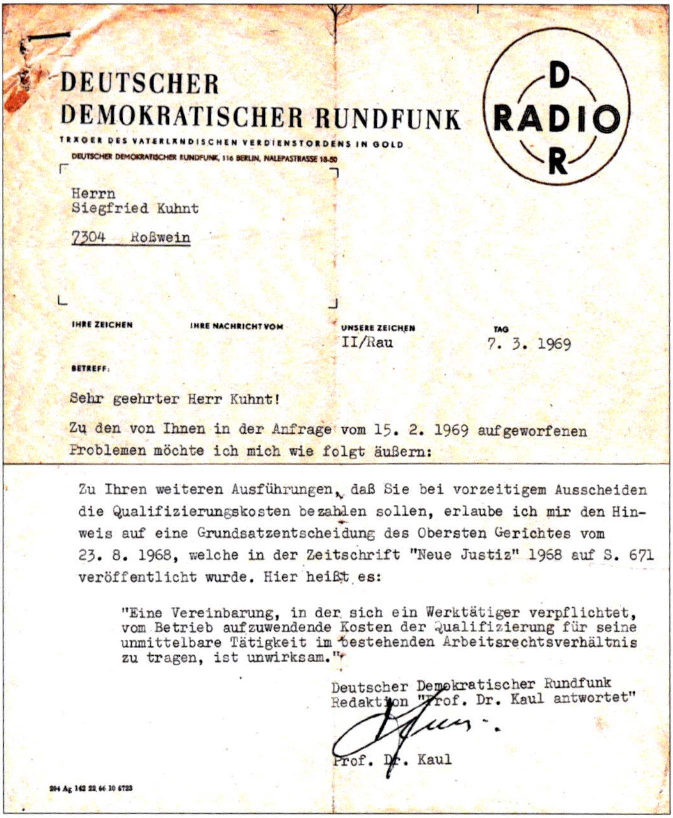

DEUTSCHER
DEMOKRATISCHER RUNDFUNK

RADIO D D R

TRÄGER DES VATERLÄNDISCHEN VERDIENSTORDENS IN GOLD

DEUTSCHER DEMOKRATISCHER RUNDFUNK, 116 BERLIN, NALEPASTRASSE 18-50

Herrn
Siegfried Kuhnt

7304 Roßwein

IHRE ZEICHEN | IHRE NACHRICHT VOM | UNSERE ZEICHEN II/Rau | TAG 7. 3. 1969

BETREFF:

Sehr geehrter Herr Kuhnt!

Zu den von Ihnen in der Anfrage vom 15. 2. 1969 aufgeworfenen Problemen möchte ich mich wie folgt äußern:

Zu Ihren weiteren Ausführungen, daß Sie bei vorzeitigem Ausscheiden die Qualifizierungskosten bezahlen sollen, erlaube ich mir den Hinweis auf eine Grundsatzentscheidung des Obersten Gerichtes vom 23. 8. 1968, welche in der Zeitschrift "Neue Justiz" 1968 auf S. 671 veröffentlicht wurde. Hier heißt es:

"Eine Vereinbarung, in der sich ein Werktätiger verpflichtet, vom Betrieb aufzuwendende Kosten der Qualifizierung für seine unmittelbare Tätigkeit im bestehenden Arbeitsrechtsverhältnis zu tragen, ist unwirksam."

Deutscher Demokratischer Rundfunk
Redaktion "Prof. Dr. Kaul antwortet"

Prof. Dr. Kaul

204 Ag 142 22 66 10 6723

Bild 031*/Ich habe nur die wichtigen Zeilen aus dem gesamten Brief dargestellt, da dieser über eine DIN-A4-Seite hinaus rechtliche Passagen aufgeführt hat.*

Am 01. März 1969 begann ich in der PGH Stahlbau mit meiner neuen Tätigkeit als Kraftfahrer und Hilfsschlosser. Nun war der Weg frei für eine Ausbildung zum Maschinen- und Stahlbauschlosser, die im September 1969 begann. Anfangs fuhr ich im Betrieb einen Multicar m22.

Bild 032/*Zum Schul- und Heimatfest in Roßwein wurde er für den Festumzug entsprechend, mit dem Thema „Investitionen im Schulischen Bereich“, geschmückt.*

Schon bald ermöglichte mir der PGH-Vorsitzende die Ausbildung für die Fahrerlaubnis Klasse 5 für LKWs, die ich auch erfolgreich abschloss. Zu Dienstfahrten der Verwaltung fuhr ich einen PKW Skoda Octavia. Der Multicar m22 war eine sogenannte Eidechse. Die maximale Leistung erreichte 15 PS. Mit dieser Eidechse habe ich mit einem Nachläufer vom nahegelegenen Bahnhof bis zu 15 m lange Eisenträger transportiert. Später sollte ich einen LKW W50 fahren. Dieser W50 sollte noch angeschafft werden, da es in der PGH immer größere Aufträge zu erfüllen gab.

In der PGH gab es auch eine Fußballmannschaft, der ich mich gleich angeschlossen hatte. Wenn ich zum Einsatz kam, spielte ich in der Abwehr. Wir spielten oft gegen Mannschaften aus Betrieben im Kreis Döbeln.

Bild 033/*Die Fußballmannschaft der PGH Stahlbau. Ich bin der zweite von links in der vorderen Reihe.*

Meine Eltern besaßen keinen Fernseher. Oft wollte ich meinen Vater überzeugen, sich einen Fernseher anzuschaffen, da er durch seine Krankheit immer mehr zum Liegen kam. Von meinem ersparten Geld kaufte ich heimlich eine Fernsehtruhe, die mit einem Radio kombiniert worden war. Mit meinem Freund Burkhard trugen wir das Gerät in die zweite Etage, kamen mit dem Fernseher in die Stube und mein Vater wetterte sofort los: „Das Gerät wird hier nicht aufgestellt." Meine Mutter sagte: „Warte doch mal ab, Siegfried will doch bloß mal ausprobieren, ob hier überhaupt was kommt." Mit einem Flachband-Fernsehkabel und einer selbstgebastelten Antenne versuchten wir, Empfang zu bekommen. Es war an einem Montagabend. Als wir Empfang hatten, kam der „Schwarze Kanal"(politisch-agitatorische Fernsehsendung) mit Karl-Eduard von Schnitzler (Journalist, Moderator). Auf einmal sagte mein Vater: „Halt, was kommt da?" Damit war der Fernseher angenommen. Später wurden meine Eltern leidenschaftliche Fernsehzuschauer, wenn am Montagabend vor dem Schwarzen Kanal „Willi Schwabes Rumpelkammer"(Sendung mit alten Filmen) kam. Sie luden noch eine Nachbarin ein, die keinen Fernseher hatte. Es war Frau Tendis. Sie hat uns Kinder oft mit Bonbons versorgt.

Der Skatfreund Günter Seltmann hatte im Juli 1969 eines Abends die Idee, unsere Skatabende in die Roßweiner Gaststätte „Zur Geige" zu verlegen. Der Gastwirt war sein Vater. Somit trafen wir uns zum Skat spielen in Zukunft in dieser Gaststätte. Als wir uns an einem Freitag im Juli 1969 gegen 18:00 Uhr das erste Mal dort trafen, wurden wir von einem netten jungen Mädchen bedient. Ich bekam ganz schnell mit, dass sie Ingrid heißt, aus Oberwiesenthal kommt und die Großnichte vom Wirt und die Großcousine von meinem Freund Günter ist. Ich erfuhr, dass sie bei ihrem Großonkel im Urlaub ist. Am gleichen Abend lud ich sie ein, mit mir am darauffolgenden Tag, einem Sonnabend, in das Freibad zu fahren. Sie lehnte nicht ab, sondern sagte gleich zu. Am Nachmittag holte ich sie mit dem Motorrad ab und wir fuhren in das Freibad, um uns näher kennen zu lernen. Als sie mir sagte, dass sie in einer Woche wieder mit dem Bus nach Hause fährt, bot ich ihr an, sie mit dem Motorrad heimzufahren. Sie hatte nichts dagegen. Es begann eine tolle Freundschaft. Als ich sie nach Hause gefahren hatte, wurde ich ganz herzlich von ihrer Oma und den Eltern aufgenommen. Danach kam sie alle 14 Tage an den Wochenenden mit dem Bus bis Karl-Marx-Stadt (jetzt Chemnitz), wo ich sie mit dem Motorrad abholte. An den Wochenenden dazwischen fuhr ich nach Oberwiesenthal. Im Herbst sprach sie mich an, was ich vom Skifasching halte, der traditionell am 11.11. um 11:11 Uhr auf dem Marktplatz von Oberwiesenthal eröffnet wird. Ich war begeistert und sagte sofort zu, um das Spektakel zu erleben. Verheimlicht hatte sie mir aber die Rolle, die sie dabei spielte. Ich konnte es gar nicht erwarten, bis endlich der 11.11. kam. Mit dem Motorrad ging es in Richtung Oberwiesenthal. Leicht bekleidet, da in Roßwein noch richtig schönes Herbstwetter war, wurde ich zwischen Annaberg-Buchholz und Oberwiesenthal an der Kreuzung Morgensonne von einem Schneetreiben überrascht. Fast tiefgefroren kam ich in Oberwiesenthal an. Ingrids Oma machte im Waschhaus einen Kessel Wasser warm. In der Küche wurde eine Zinkbadewanne aufgestellt, das warme Wasser eingefüllt und ich konnte ein wohltuendes Bad genießen. Am 11.11. hatte sich Ingrid erst verdrückt und kam dann als Prinzessin verkleidet in die Küche (Bild 034). Ich war erschrocken und wusste nicht, was ich sagen sollte. Sie klärte mich auf, dass sie in dieser Session die Skikönigin, Ingrid die 2. von dem Knack, der Kaiserlich-Königlichen-Skimonarchie von Oberwiesenthal, ist. Den Namen bekam sie, da sie schon zum zweiten Mal die Skikönigin und ihr Opa ein leidenschaftlicher Faschingsnarr mit dem Spitznamen Knack war. Zu Weihnachten 1969 feierten wir unsere Verlobung (Bild 035).

Bild 034

Bild 035

Im September 1969 begann die Abendschule zum Maschinen- und Stahlbauschlosser. Sie wurde in den Schmiedewerken „Hermann Matern" in Roßwein durchgeführt. Nach 3 Jahren stand die Facharbeiterprüfung an und ich musste eine Arbeit vorlegen, deren Umsetzung zu einer Modernisierung und Erleichterung von körperlicher Arbeit in der PGH Stahlbau führte. Ich erarbeitete eine Zeichnung und Berechnung einer Kranbahn in der Zuschnitthalle der PGH. Die Arbeit war mir sehr gut gelungen und ich reichte diese nach der Prüfung als Neuerervorschlag beim PGH-Vorsitzenden ein. Er ignorierte das und somit war die Sache gegessen. Später wurde eine Kranbahn in die Halle gebaut, welche natürlich nicht meiner Arbeit entsprach, was ja auch nicht anders sein konnte. Die neue Kranbahn war weitaus größer als die, die ich projektiert hatte.

Am 26. September 1970 heiratete ich meine Freundin Ingrid in der „Martin-Luther-Kirche von Oberwiesenthal"(Bild 036). Eine Woche später holte ich sie nach Roßwein und wohnte mit ihr in der Wohnung meiner Mutter. Wir bezogen das Kinderzimmer, in dem ich in letzter Zeit schon allein gewohnt hatte. Den Garten an der Freiberger Mulde hatten meine Mutter und ich nach dem Tod meines Vaters abgegeben. Den Hausgarten bewirtschaftete ich weiter, zwar nicht mehr in dem Umfang, wie es mein Vater erledigt hatte, allerdings noch für die Familienangehörigen. Nach der Hochzeit haben wir uns bei der Stadtverwaltung um eine Wohnung beworben. Da wir noch kein Kind hatten, war es aussichtslos, auf eine Warteliste zu kommen. In der PGH schilderte ich das Problem und alle empfahlen, mir sofort ein Kind anzuschaffen. Das wollten weder meine Frau noch ich. Unser Ziel war es, ein Kind nur in einer eigenen Wohnung großzuziehen. Da machte uns Willi, er war in der PGH Zerspaner und bediente eine Drehbank, einen Vorschlag. Er hatte in seinem Haus im zweiten Obergeschoss zwei kleine Einraumwohnungen. Die eine wurde zurzeit geräumt, da die Person verstorben war, und die ältere Frau aus der anderen Wohnung war in ein Heim umgezogen. Willi meinte, wir könnten ja erstmal die eine Einraumwohnung nehmen und, wenn die andere geräumt ist, in Eigenleistung aus den zwei kleinen Wohnungen eine etwas größere machen. Das ließen wir uns nicht entgehen. Im Frühjahr 1972 zogen wir in die kleine Wohnung ein. Gesagt, getan, bauten wir im Herbst 1972 in gemeinsamer Arbeit die zwei kleinen Wohnungen zu einer größeren um. Das Wohnungsamt der Stadt durfte davon natürlich nichts erfahren. In der DDR war es üblich, dass auch Privatwohnungen nur von der Stadtverwaltung vergeben wurden. Obwohl die Trockentoilette zwei Stockwerke tiefer über den Hof gelegen war, hatten wir es bei den Eigentümern sehr gut. Aus dem Garten wurden wir mit Obst und Gemüse versorgt. Besonders liebevoll war die Frau, Elfriede. Irgendwann erfuhr das Wohnungsamt jedoch, was der Hauseigentümer mit seinen zwei Einraumwohnungen gemacht hatte. Er wurde zum Rathaus bestellt und musste 50 DDR-Mark Strafe bezahlen. Das erledigte er gern, da er wusste, wer jetzt in seinem Haus wohnt.

In der PGH Stahlbau haben wir alle Jahre im Herbst ein Sauschlachten durchgeführt. Mit dem Multicar fuhr ich zu einem Bauern nach Etzdorf und holte eine Sau. In unserem großen Duschraum wurde diese an der Heizung angebunden und einmal passierte es, dass sie, als der Fleischer eintrat, verrücktspielte. Auf dem Betriebshof wurde ein großer Kessel angeheizt, in dem später die Wurst gekocht wurde. Gegen Nachmittag war ein Wellfleischessen mit Sauerkraut angesetzt. Natürlich wurde mit klarem Schnaps darauf angestoßen. Auch ein Fass Bier wurde dazu geholt. Abends trafen wir uns mit unseren Frauen in der Gaststätte „Zur Wartburg" zum Schlachtschüsselessen. An gemeinsamen Feierlichkeiten der PGH-Mitarbeiter mit ihren Angehörigen hat es über die Jahre nie gemangelt.

Bild 036

Das Betriebsgelände der PGH Stahlbau grenzte direkt an die Eisenbahnlinie Dresden – Leipzig, wo in den 70er Jahren durch Soldaten die Gleise erneuert wurden. Wenn wir auf dem Hof in gemütlicher Runde saßen und unser Frühstück einnahmen, kamen ab und zu Soldaten zu uns und erzählten vom Soldatenleben. Als sie erfuhren, dass ich am 3. Mai 1973 nach Walddrehna eingezogen werden sollte, begrüßten sie mich gleich. Sie kamen aus dem Eisenbahnbauregiment „Erich Steinfurth" in Walddrehna. Einer dieser Soldaten sagte: „Wenn du nach der

Grundausbildung gefragt wirst, was dir bei der NVA so vorschwebt, melde dich gleich als W50-Fahrer, da du ja schon die Fahrerlaubnis Klasse 5 hast. Da hast du eventuell eine Chance, in das Bataillon nach Berbersdorf zu kommen. Das Bataillon hatte als Standortstadt Roßwein. Somit bist du in deiner heimatlichen Umgebung und kannst beim Ausgang zu deiner Frau nach Hause." Zu dieser Zeit war meine Frau im 5. Monat schwanger. Gern wollten wir die Zeit der Schwangerschaft gemeinsam genießen.

Am 3. Mai 1973 verabschiedete ich mich mit Tränen in den Augen von meiner Frau und begab mich auf die Fahrt in eine NVA-Kaserne. Ich fuhr mit dem Bus nach Döbeln und von dort aus mit dem Zug nach Leipzig. Was sich hier auf dem Bahnhof abspielte, war erschreckend. Offiziere liefen schreiend auf den Bahnsteigen rum, mit der Aufforderung an zukünftige Soldaten, sich auf einem bestimmten Bahnsteig einzufinden. Keiner konnte irgendwie mit anderen Einberufenen in Kontakt kommen. Im Zug herrschte Schweigen, da keiner wusste, was auf ihn zukam. In Walddrehna angekommen, standen wieder Offiziere auf dem Bahnsteig und es wurden weitere lautstarke Kommandos abgegeben. Wir marschierten eine sehr lange Straße durch den Wald. Plötzlich sahen wir die Kaserne, das Tor ging auf und nun verspürte ich, was die Stunde geschlagen hatte. Es ging hintereinander weg. Nach dem Appell ging es in die Bekleidungskammer. Dort bekamen wir die komplette Bekleidung, die Nummer vom Unterkunftsgebäude und das Zimmer. Hier erwartete uns ein Unteroffizier. Wir waren zu acht in diesem Zimmer und hatten 4 Doppelstockbetten zur Verfügung. Sofort hieß es, sich umzuziehen und die zivilen Sachen in ein Paket zu packen, den Spint einzuräumen, das Bett zu beziehen und sich davor aufzustellen. Der Unteroffizier verlangte von jedem von uns den Namen und das Alter. Als ich meinen Namen und mein Alter von 26 Jahren sagte, kam er kurz ins Stocken. Er meinte, dass er nur 18- oder 19-jährige Soldaten erwartet hätte, die nicht älter sind als er selber. Sofort ernannte er mich zum Stubenältesten. Er klärte uns auf, dass wir jedes Mal, wenn ein Soldat mit höherem Dienstgrad als wir in das

Zimmer kommt, „Achtung“ rufen müssen und alle ihren Blick dem Hereinkommenden zuzuwenden haben. Danach sollte ich Meldung über die Vollzähligkeit der Gruppe machen. An diesem ersten Tag verging keine halbe Stunde, bis der Unteroffizier in das Zimmer kam. Als wir am Abend um 21:00 Uhr im Bett lagen, tauschten wir uns ganz leise aus. Keiner der Soldaten war jünger als 21 Jahre. Ich habe in der ersten Nacht so gut wie nicht geschlafen. Immer wieder dachte ich an meine Frau und ob mit der Schwangerschaft alles gut geht. Am nächsten Tag ging es in vollen Zügen mit der Grundausbildung los. Begonnen hatte der Tag mit Frühsport, Waschen und einem Appell auf dem Flur vor unserem Zimmer. Wir wurden darauf hingewiesen, dass der Dienstausweis immer in der linken Brusttasche der Uniform getragen werden muss.

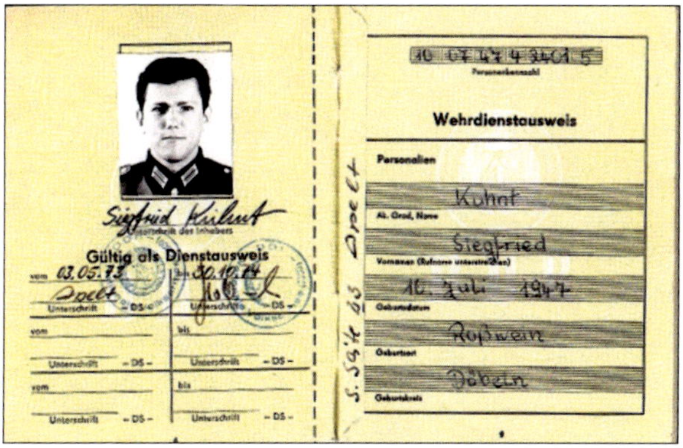

Bild 037/*Mein NVA-Dienstausweis.*

Bild 038/*Die darin befindliche Metallmarke mit der Kennnummer.*

Auf dem Gang waren wir 5 Gruppen mit je 8 Soldaten. Die Grundausbildung war knallhart. Nach 3 Wochen fand der Abschlussmarsch über 40 km in voller Ausrüstung statt. Unsere Gruppe hatte alles soweit gut überstanden. Wir durften uns zum ersten Ausgang anmelden. Hier ordnete der Gruppenführer, unser Unteroffizier, an, dass der Ausgang nur mit ihm stattfindet. Das war uns egal. Im Wirtshaus tauschen wir uns bei einem Bier aus und er meinte, dass er auch hier wie immer im Dienst angesprochen werden will. Da ergriff ich das Wort: „Wenn du willst, dass wir in Zukunft miteinander gut auskommen, empfehle ich dir, Dienst und Bier zu trennen." Er sah das nicht ein. Auf dem Weg in die Kaserne bildeten wir 8 Soldaten um ihn einen Kreis und machten ihm nochmal verständlich, wie wir gut miteinander auskommen können. Man konnte ihm ansehen, dass er jetzt richtig Angst verspürte. Er war erst 19 Jahre und alle anderen waren älter. Von diesem Tag an lief es, wie wir es ihm vorgeschlagen hatten. Er blieb bis zur Entlassung nach 18 Monaten unser Gruppenführer. Jetzt begann nach der Grundausbildung das Soldatenleben mit all seinen Facetten. Jeder Soldat wurde einzeln zu einem Gespräch beim Kompaniechef in dessen Zimmer bestellt. Es waren auch zwei Stabsoffiziere dabei. Gleich zu Anfang wurde mir gesagt, dass ich ja schon die Fahrerlaubnis Klasse 5 habe. Ich erwiderte: „Ja, zu Befehl." Ein Hauptmann fragte mich: „Was denken Sie, Genosse Soldat, zu welchem Einsatzbereich wir Ihnen hier den Befehl erteilen?" Ohne Hemmung antwortete ich: „Ich werde in das Bataillon nach Berbersdorf versetzt und fahre dort einen LKW." Die Antwort des Hauptmanns versetzte mich in Schockstarre. „Genau diesen Wunsch haben wir von Ihnen erwartet. Sie, Genosse Soldat, werden zu einem Busfahrer ausgebildet, der hier im Regiment stationiert ist." Somit waren meine Träume Vergangenheit. Beim Wegtreten bekam ich von dem Hauptmann ein Buch, mit dem Befehl: „Sie haben jetzt 3 Tage dienstfrei, bleiben auf Ihrem Zimmer und lernen für die mündliche Prüfung für den Führerschein eines Busfahrers." Als ich in die Kompanie kam, war der Gruppenführer schon informiert. Seine Antwort war: „Genosse Soldat, Sie bleiben auf Ihrem Zimmer und haben nur das Recht, auf Toilette oder zum Essen zu gehen.“ Ich erkundigte mich beim bisherigen Busfahrer und der meinte: „Da hast du die Arschkarte gezogen.“ Ich nahm das Buch und versuchte, den Inhalt aufzunehmen. Ich dachte mir: „Du willst durchfliegen.“ Nach 3 Tagen musste ich in das Stabsgebäude zum besagten Hauptmann.

Ich meldete mich vorschriftsmäßig an, bekam den Fragebogen und musste mich dem Hauptmann gegenüber an einen Tisch setzen. Er las mir die Fragen vor und ich musste nach jeder Frage ein Kreuz unter A, B, oder C machen. Ich kreuzte wahllos an. Die Tür ging auf und mein Kompaniechef trat ein. Er schaute mir über die Schultern und sagte zum Hauptmann: „Schau dir mal die bisher angekreuzten Fragen an.“ Er nahm den Fragebogen, ließ mich strammstehen und antwortete: „Genosse Soldat, wenn Sie glauben, hier durchfliegen zu wollen, haben Sie sich getäuscht.“ Ich bekam einen zweiten Fragebogen und musste nach jeder Frage laut und deutlich die Antwort geben. Hatte ich den richtigen Buchstaben gesagt, hieß es: „Ankreuzen.“ Somit hatte ich die theoretische Prüfung mit null Fehlern bestanden. Bei der praktischen Prüfung stieg der Hauptmann in den Bus, einen Ikarus 66, stellte sich hinter den Motor in den Gang und gab mir zu verstehen: „Wenn ich beim Anfahren oder Abbremsen einen Schritt nach vorn oder hinten machen muss, ist Ihre Fahrerlaubnis Klasse 5 eingezogen.“ Damit hatte ich nicht gerechnet, dass sie so eine Macht hatten. Die Prüfung bestand ich und bekam den Erlaubnisschein zum Führen von Fahrzeugen mit mehr als 8 Personen. Nach der bestandenen Prüfung zum Militärkraftfahrer wurde mir ein LKW W 50 mit Langholznachläufer anvertraut. Da sich die Kaserne mitten in einem Kiefernwald befand, wurde zu deren Vergrößerung das Gelände ringsum einfach abgeholzt. Die Baumstämme musste ich mit diesem Fahrzeug zu einem Sägewerk fahren. Nach der Entlassung des bisherigen Busfahrers wurde mir dessen Robur-Bus LO 3000 übergeben, der sich äußerlich nicht von Zivilfahrzeugen unterschied.

Bild 039/*Mein Dienstfahrzeug der NVA.*
Ein zivilfarbener Robur Bus LO 3000.

Mein erster Dienstbefehl lautete, von Montag bis Freitag frühmorgens 6:00 Uhr in Luckau Offiziere abzuholen. Diese waren nach Gärtitz bei Döbeln und Berbersdorf bei Roßwein in die Baubataillone zufahren. So gegen 10:00 Uhr war ich mit der Dienstfahrt fertig. Pünktlich um 17:00 Uhr ging es wieder zurück nach Luckau. Ich ließ die Offiziere vor ihren Wohnungen aussteigen und fuhr in die Kaserne. Die Dienstfahrt war abends gegen 21:00 Uhr in der Kaserne beendet. Am Anfang war das ganz schön belastend, aber schon bald merkte ich, dass ich vor jedem militärischen Dienst Ruhe hatte. Ich bekam zusätzlich zu meinem Wehrsold von 80 DDR-Mark pro Tag eine Auslösung von 6 DDR-Mark und 5 DDR-Mark Essensgeld. Nach der ersten Woche begab ich mich zum Bataillonsoffizier in Berbersdorf und bat um die Genehmigung, zwischen 10:00 Uhr und 16:00 Uhr nach Roßwein zu meiner schwangeren Frau fahren zu dürfen. Er sah das sehr locker und meinte: „Kuhnt, wenn du pünktlich mit einem sauberen Bus um 17:00 Uhr hier zur Abfahrt bereitstehst, sehe ich kein Problem." Nun war ich jeden Tag bei meiner Frau zu Hause. Jetzt habe ich den Busschein nicht bereut. An Wochenenden bekam ich oft Befehle zu Ausfahrten mit ausgezeichneten Dienstgruppen, mit Frauen von russischen und deutschen Offizieren zum Tag der Deutsch-Sowjetischen Freundschaft (DSF), zum Internationalen Frauentag oder auch Befehle, Kinder von Offizieren in die Kinderferienlager nach Kühlungsborn oder Bärenstein im Erzgebirge, die NVA-Fußballmannschaft zu Spielen der Kreisliga und die regimentseigene Tanzkapelle zu Veranstaltungen zu fahren. Die NVA-Sportschützen im Tontaubenschießen von Doberlug-Kirchhain zu den NVA-Meisterschaften nach Strausberg zu fahren, war eine tolle Sache. Hier durfte ich mich mal im Tontaubenschießen probieren. Es gab auch zwei nicht so schöne Ausfahrten zu Begräbnissen von Soldaten, die sich selbst gerichtet hatten. Von zwei Ausfahrten, für welche ich als Soldat ebenfalls den Befehl erhalten hatte, möchte ich näher berichten.

Im Herbst 1973 habe ich unsere Regimentskapelle nach Strausberg gefahren. Im Kulturhaus am Straussee wurde der 20. Jahrestag der Kampfgruppen des Verkehrswesens der DDR gefeiert. Unsere Kapelle musste zum Tanz aufspielen. Als wir 6 Soldaten in den Saal kamen, wurde uns ein Tisch zugewiesen. Wir fragten uns, wer denn hier tanzen solle. Noch war keine Frau zu sehen. Anwesend waren über 100 Offiziere der Kampfgruppen in Paradeuniform. Es dauerte gar nicht lange, bis zwei Herren auf uns zukamen. Einer stellte uns den damaligen Verkehrsminister der DDR, Herrn Otto Arndt, vor. Wir standen sofort auf und begrüßten ihn mit: „Guten Tag, Herr Minister." Er meinte: „Bleibt mal schön sitzen." Er unterhielt sich mit uns und wollte wissen, wie das Soldatenleben ist. Natürlich haben wir nur lobende Worte von uns gegeben. Daraufhin äußerte er: „Na, nun seid mal ehrlich, wir wissen doch alle, dass das Soldatenleben sehr hart ist. Ihr, wie auch die Offiziere, habt einen Eid abgelegt und den gilt es einzuhalten. Wir wissen auch, dass es Situationen gibt, wo Offiziere glauben, mit Soldaten alles machen zu können, um Stärke zu beweisen. Wir brauchen die Informationen, um so etwas zu unterbinden." Zunächst herrschte unter uns Schweigen. Dann habe ich mir den Mut gefasst und berichtet, wie ein Hauptmann unsere Fußballmannschaft nach Niederlagen behandelt hat. Im Bus hatte der Hauptmann immer einen Kasten Bier bereitgestellt und nach einem Sieg durfte jeder Spieler eine Flasche trinken. Der Rest gehörte dem Hauptmann. Nach einer Niederlage gab es für die Soldaten kein Bier, nur der Hauptmann, der immer neben mir auf dem Beifahrersitz saß, ließ das Bier laufen. Dabei wurden seine Ausfälligkeiten gegenüber den Soldaten immer aggressiver. Der Minister nahm das zur Kenntnis, bedankte sich und wünschte uns als Soldaten weiterhin viel Erfolg. Nun wurden wir von ihm aufgefordert, mit an das Büfett zu gehen. Er ließ alle Offiziere mit dem Hinweis zurücktreten: „Erst nehmen sich die Soldaten etwas zu essen." So ein reichhaltiges Büfett habe ich noch nie gesehen. Als unsere Kapelle begann, zum Tanz aufzuspielen, konnte ich es nicht glauben, was sich da abgespielt hatte. Die Offiziere haben sich gegenseitig zum Tanz aufgefordert. Im Nu war das Parkett voll und keiner saß mehr auf seinem Platz. Es war lustig anzusehen, wie die Kampfgruppenoffiziere als Paare tanzten. Wenige Wochen nach dieser Fahrt wurde in der Kaserne ein Regimentsappell abgehalten. Der Hauptmann, der die Fußballmannschaft immer begleitet hatte, wurde nach vorn gerufen, musste vor dem Regimentskommandeur strammstehen, während dieser dem Hauptmann die Schulterklappen runterschnitt. An diesem Tag wurde dieser Hauptmann in Unehren von der NVA entlassen. Als wir in die Unterkunft zurückmarschierten, dauerte es gar nicht lange und jeder spekulierte, was der Anlass gewesen war. Einer von den Musikern meinte: „Siegfried, ob das mit Strausberg zusammenhängt?" Ich meinte: „Ich bin mir keiner Schuld bewusst."

Als es im Herbst 1973 an die Umstellung der Fahrzeuge ging, meldete ich mich freiwillig, an Wochenenden in der Kfz-Werkstatt bei der Umstellung der Fahrzeuge mitarbeiten zu wollen. An einem W50 MTW (Mannschaftstransportwagen) stellte ich in einem Block von Blattfedern einen Riss in einer Lage fest (Bild 040). Ich meldete das dem Werkstattmeister, einem Hauptfeldwebel. Der sah sich alles an und gab diese Meldung weiter an den technischen Offizier in den Stab. Wenige Tage später wurde ich wieder mit einem Tag Sonderurlaub belohnt.

Bild 040

Ein weiteres Erlebnis als Busfahrer hatte ich im Frühjahr 1974. Ich erhielt den Befehl, in der Ausbildungskaserne für Offiziere in Löbau 15 Offiziere mit dem Dienstgrad Unterleutnant abzuholen und in unser Regiment zu bringen. Ein weiterer Soldat, der einen MTW W 50 fuhr, wurde mit nach Löbau geschickt, um die Militärsäcke zu transportieren, in denen jeder Offizier seine persönlichen Sachen hatte. Der Befehl lautete: „Es wird an keiner Gaststätte angehalten, wenn die Offiziere gewissen Bedürfnissen nachgehen möchten." Kurz vor der Autobahnraststätte Freienhufen kam ein Offizier nach vorn und erteilte mir den Befehl, an dieser Raststätte anzuhalten, um eine Toilette aufsuchen zu können. Ich gab zu verstehen, wie mein Befehl lautete. Nun ging ein Rumoren im Bus los und ich musste mir anhören, dass ich, wenn ich dort nicht anhalte, das als Soldat in der Kaserne zu spüren bekommen werde. Am nächsten Parkplatz nach Freienhufen hielt ich an und wartete, bis die Offiziere ihr Bedürfnis erledigt hatten. Es dauerte ewig, bis sie alle wieder im Bus waren, und ich musste mir immer wieder anhören, was mich erwartet. In der Kaserne angekommen, fuhr ich vor das Stabsgebäude, wo die Dienstfahrt begonnen hatte. Ich marschierte in das Gebäude und meldete mich beim diensthabenden Offizier zurück. Der Major ging mit nach draußen und ließ die Unterleutnants antreten. Ich wurde gefragt, ob es besondere Vorkommnisse gegeben hatte. Wie es sich für einen Soldaten gehört, machte ich Meldung und schilderte den Vorfall Freienhufen. Der Major wurde laut und gab allen zu verstehen: „Wenn ich erfahre, dass der Soldat Genosse Kuhnt sich im Stab über eure Führung beschwert, lauft ihr Spießruten." Ich hatte Ruhe. Wenn ich einem dieser Unterleutnants begegnete, grüßte ich mit militärischem Gruß, wie wir es gelernt hatten. Alle waren zu mir sehr freundlich. Es gab noch viele andere Erlebnisse, die ich aber nicht schildern möchte. Die meisten meiner Dienstausführungen als Busfahrer waren sehr angenehm und nicht zu vergleichen mit den Dienstausführungen der Soldaten an der Eisenbahnstrecke.

Am 26.10.1974 wurde ich vom Soldatendienst entlassen. Bei einem Abschiedsappell auf dem Regimentsplatz wurden ich und zwei weitere Soldaten aus unserer Kompanie aufgerufen, um vorzutreten. Die beiden Soldaten wurden für ihre guten Dienstdurchführungen als Jungaktivisten und mit einer Geldprämie von 200 Mark der DDR ausgezeichnet. Ich hingegen wurde als Unteroffizier einer Kfz-Gruppeneinheit entlassen. Zusätzlich bekam ich eine Eintragung in das Ehrenbuch der NVA (Bild 041). Nach dem Appell, bei dem wir schon unsere zivile Kleidung trugen, ging es zur Verabschiedung in das Dienstzimmer vom Kompaniechef zu kurzen Gesprächen über die 18 Monate Grundwehrdienst und meine erhaltene Auszeichnung. Ich gab zu verstehen, dass ich auch lieber 200 Mark genommen hätte. Der Kompaniechef klärte mich über die Auszeichnung auf: „Sie, Herr Kuhnt, sind somit von jeglicher Einberufung zur Reserve befreit." Das war natürlich das Beste, was ich da erfahren konnte. Unser Gruppenführer war alle 18 Monate für uns zuständig gewesen. Auch er hatte sich von uns verabschiedet. Wir bemerkten, dass ihm die Tränen in den Augen standen und er sich für die tolle Zeit mit uns bedankte. Mit dem Zug ging es über Leipzig in Richtung Heimat. Mit allen, die über Leipzig nach Hause fahren mussten, ging es zur Abschlussparty in das Leipziger Ringcafé. Spät in der Nacht am 27.10.1974 marschierten wir zum Bahnhof, wo sich unsere Wege trennten. Abschließend muss ich sagen, hat mich die Soldatenzeit positiv geprägt. Man erinnert sich mehr an die schönen als an die negativen Erlebnisse. Zu Hause angekommen, freute ich mich riesig, mich endlich an der Erziehung meiner Tochter Michaela beteiligen zu können.

FÜR DEN SCHUTZ DER ARBEITER-UND-BAUERN-MACHT

NATIONALE VOLKSARMEE

Für ausgezeichnete Leistungen

wurde

Gefreiter Kuhnt Siegfried

in das

EHRENBUCH

eingetragen

O. U., den
30.10.74

Steinwerth
Oberstleutnant

Bild 041

Meine Frau war mit Beginn der Wochenzeit zu ihren Elternnach Oberwiesenthal gefahren und hatte am 06.09.1973 in Annaberg-Buchholz unsere Tochter geboren. Somit konnte ich meine Tochter nur sehen, wenn ich im Urlaub war. Im Frühling 1974 war meine Frau mit unserer Tochter wieder nach Roßwein in unsere Wohnung zurückgekehrt und hatte sie in einer Krippe angemeldet. Ich wurde von meiner Frau informiert, dass unsere Tochter ständig krank ist. Als ich wieder zu Hause war, begaben wir uns gemeinsam zur Kinderärztin. Nach der Untersuchung gab uns die Kinderärztin den Rat, es sei besser, von Roßwein wegzuziehen. „Die schlechte Industrieluft tut Ihrer Tochter nicht gut." Zu Weihnachten 1974 fuhren wir nach Oberwiesenthal und berichteten der Oma und den Eltern meiner Frau darüber. Sie gaben uns einen Rat: „An der Karlsbader Straße wird ein großes Ferienheim gebaut. Geht doch mal hoch in die Baubaracke und fragt nach, ob es eine Möglichkeit gibt, dort zu arbeiten." Wir gingen zwischen Weihnachten und Silvester hoch und meldeten uns bei der Kaderleiterin. Sie sagte: „Es wird ein großes, modernes Ferienheim über den Freien Deutschen Gewerkschaftsbund (FDGB) gebaut und da suchen wir jede Menge Arbeitskräfte." Sofort bot man mir an, im neuen Jahr hier anzufangen und während der Bauzeit die Technik mit zu installieren. Meine Frau könnte anfangen, wenn das Haus in Betrieb geht. Das war für den 15. Dezember 1975 geplant. Wir gingen wieder nach Hause und beratschlagten alles mit der Oma und den Eltern meiner Frau. Gesagt, getan, so haben wir uns beworben. Ich habe am 1. Juli 1975 angefangen und bin regelmäßig an den Wochenenden nach Hause gefahren. Meine Frau ist in Roßwein noch ihrer Arbeit als Näherin nachgegangen. Im Februar 1976 zogen wir nach Oberwiesenthal, wo wir eine 56-m²-Wohnung über den FDGB-Feriendienst bekommen hatten. Nun begann für mich und meine Familie ein ganz neuer Lebensabschnitt. In dem im Bau befindlichen Ferienheim wurde ich als Betriebshandwerker eingestellt und war stolz, in einem der modernsten Ferienheime der DDR eine Anstellung bekommen zu haben.

KAPITEL 6

Die Zukunft in Oberwiesenthal

Es kam der Monat Februar im Jahr 1976. Wir hatten einen Möbeltransport bestellt und das Packen in Roßwein begann. Am 17. Februar verabschiedeten wir uns von der Familie Walter, die uns in den vergangenen Jahren als Vermieter eine schöne Zeit ermöglicht hatte. Als wir in Oberwiesenthal ankamen, überraschte uns der Winter ganz schön. Vor Eisglätte kam der Möbeltransport die Annaberger Straße nicht hoch. Eine Planierraupe räumte damals Schnee und Eis von den Straßen. Als der Raupenfahrer den Möbeltransport mit seinem Hänger sah, bot er sich sofort an, den LKW abzuschleppen. Da die Zechenstraße, in der wir die Wohnung beziehen wollten, noch keinen befestigten Untergrund hatte und die Außenanlagen noch eine Baustelle waren, zog die Planierraupe den Möbeltransport bis vor die Haustür.

Bild 042*/In dem Eingang, wo die Müllkübel 9b stehen, befand sich in der 2. Etage links unsere neue Wohnung. Die Straße blieb bis zum Sommer 1976 noch eine Baustelle und unbefestigt. Uns war das egal. Die Hauptsache war eine neue Wohnung.*

Die Eltern und Geschwister meiner Frau standen schon bereit, um uns beim Einzug zu helfen. Es war für uns eine für die damalige Zeit tolle und moderne Wohnung. Endlich ein eigenes Bad mit WC, eine eingebaute Küche und ganz wichtig, ein Kinderzimmer. Die Kaltmiete für diese städtische Wohnung betrug 56 Mark der DDR. Nachdem im Frühjahr 1976 alle 6 Wohnungen belegt worden waren, wurden alle Mieter von der Stadtverwaltung Kurort Oberwiesenthal angeschrieben, um eine Person zu benennen, welche als Hausvertrauensmann fungieren sollte. Der Hausvertrauensmann war Ansprechpartner und Kontaktperson zwischen Mietern und Stadtverwaltung. Schnell war aus den Diskussionen aller Mitbewohner zu erkennen, dass ich diese ehrenamtliche Tätigkeit übernehmen sollte. Ich nahm das Vertrauen aller dankend an, obwohl keiner wusste, wie ich diese ehrenamtliche Tätigkeit ausüben werde. Immerhin war ich für die Oberwiesenthaler ein Dahergelaufener. Für uns alle war es wichtig, dass unter unserer Mitwirkung die Außenanlagen so schnell wie möglich fertiggestellt werden.

Bild 043/*So sah der hintere Bereich des Hauses aus, wo einmal ein Wäscheplatz mit Grünanlagen entstehen sollte.*

Das Haus, in dem wir die Wohnung bezogen hatten, war umgeben von einer Baustelle. Weder eine befestigte Straße noch

Grünanlagen waren vorhanden. Als Hausvertrauensmann war ich bestrebt, mit allen Mietern eine gute, harmonische Wohngemeinschaft zu bilden. Damit wir uns schneller kennen lernten, organisierte ich einen gemütlichen Abend, der auf dem Boden stattfand.

Bild 044*/Ich stehe mittig im Bild und stoße mit allen auf eine fröhliche Runde an.*

Es war mir gelungen, alle zu überzeugen, eine Kasse anzulegen, in die jede Familie im Monat 50 Pfennig einzahlt. Dieser Betrag sollte ein Zuschuss für Feierlichkeiten zum Kinderfasching und Kindertag sowie zu den Kinderweihnachtsfeiern unserer Hausgemeinschaft sein. Diese Veranstaltungen führten wir regelmäßig im Waschhaus durch. Die Wohnungen wurden nur mit Kohlen beheizt. Wenn eine Familie mit Kohlen vom Händler beliefert wurde, wurden diese auf der Straße vor der Haustür abgekippt. Alle Familienangehörigen der Hausgemeinschaft, die zu dieser Zeit zu Hause waren, packten mit an und trugen die Kohlen in den Keller. Hinterher haben die Frauen das Treppenhaus gesäubert und wir Männer die Straße gereinigt. Zum Schluss saßen wir im Treppenhaus zusammen bei Bier und einem Schnaps und waren stolz, wie schnell die Kohlen von der Straße verschwunden waren. Solche Aktionen stärkten die Hausgemeinschaft immer mehr.

Über uns im Haus wohnte Michael Arnold mit seiner Familie. Michael war ein leidenschaftlicher Jäger. Eines Tages fragte er mich, ob ich Interesse hätte, mit auf die Jagd zu gehen. Ich war begeistert und sagte sofort zu. Es tat mir gut, abends auf einem Hochsitz die Ruhe zu genießen und dem Zwitschern der Vögel zu lauschen. Im Winter tranken wir dabei Glühwein und redeten kein Wort miteinander. Vom Erlegen eines Fuchses bis hin zum Rotwild habe ich alles miterlebt. Nach dem Abschuss blieben wir noch ca. 15 Minuten auf dem Hochsitz, bevor es an die Stelle ging, wo das Tier lag. Als Erstes musste ich einen Reisigzweig von einer Tanne abbrechen, diesen durch die Stelle des Einschusses streichen und dem Jäger Weidmannsheil wünschen. Danach steckte ich den Zweig an seinen Hut. Nach dem vorschriftsmäßigen Aufbrechen des Tieres wurde es vom Jäger auf dem Anhänger seines Trabants nach Hause transportiert und im Waschhaus der Hausgemeinschaft präsentiert. Dabei rief man dem Jäger mit einem Schnaps noch ein Weidmannsheil zu. Eines möchte ich unbedingt noch erwähnen: Michaels Leidenschaft galt in erster Linie der Hege und Pflege, erst danach der Jagd. Im Winter haben wir mit den Langläufern Futter in den Wald gebracht und die Futterraufen gefüllt.

Unser Hauseingang befand sich in einem Wohnblock mit 36 Wohnungen. Insgesamt gehörten zu diesem Block 3 Häuser mit je zwei Eingängen. Unser Haus hatte die Hausnummer 9b. Eine Gemeinschaftsantennenanlage versorgte alle 36 Familien mit dem Fernsehprogramm der DDR. In Oberwiesenthal empfingen wir nur das Programm „DDR 1“. Ein weiteres Programm, „DDR 2“, konnte nur über einen zusätzlichen Konverter empfangen werden. Dieser Empfang war sehr schlecht. Nach Absprache mit dem Hausvertrauensmann aus dem Nachbareingang 9a haben wir uns entschieden, eine eigene Antennenanlage auf Selbstkostenbasis errichten zu lassen. Nach Rücksprache mit den Bewohnern der beiden Hauseingänge stellte ich bei der städtischen Wohnungsgesellschaft einen Antrag zur Errichtung einer eigenen Antennenanlage, um das bessere 2. Programm der DDR in bester Qualität empfangen zu können. Nach vielen Diskussionen mit der Stadtverwaltung, im Speziellen mit dem

Bürgermeister, erhielten wir die Erlaubnis zur Installation einer eigenen Antennenanlage auf Selbstkostenbasis. Ich holte bei einem Monteur, der für das FDGB-Ferienheim die Antennenanlage installiert hatte, ein Angebot ein und teilte das allen 12 Familien mit. Alle haben sofort zugesagt, den Auftrag zu erteilen. Ich wusste von dem Monteur, dass mit der Antenne für das 2. DDR-Programm auch das Zweite Deutsche Fernsehen empfangen werden kann. Mit dem Monteur sprach ich zudem über eine Antenne für das Erste Deutsche Fernsehen. Er meinte: „Mal sehen, was sich da machen lässt." Nachdem alles installiert war, hatten wir ein sehr gutes 2. Programm der DDR und ein tolles ARD und ZDF. Das zog natürlich die Aufmerksamkeit vieler Bewohner dieses Wohngebietes auf unsere Anlage. Jede Familie hatte sich mit 120 Mark der DDR an der Installation der Anlage beteiligt.

***Bild 045**/Nach der Fertigstellung der hinteren Außenanlage konnten wir nun entsprechend Feiern der Hausgemeinschaft durchführen. Diese Sitzfläche hat die Hausgemeinschaft in Eigenleistung gestaltet.*

Da in den Jahren von 1970 bis 1975 durch den Bau von Ferienheimen des FDGB, der NVA, des MdI, MfS und des Zolls immer mehr Personal benötigt wurde, erschloss Oberwiesenthal im Naturschutzgebiet Zechengrund ein Gelände zum Wohnungsneubau. Dieses neue Wohngebiet bestand aus 5 Wohnblöcken mit insgesamt 168 Wohneinheiten. Die Stadt Oberwiesenthal hatte vor Baubeginn der Ferienheime rund 2000 Einwohner. Durch den Zuzug von vielen neuen Familien stieg die Einwohnerzahl auf rund 4000 an.

Am 4.Juni 1978 wurde unsere 2. Tochter Isabel geboren. Natürlich habe ich aus diesem Anlass auch unsere Hausgemeinschaft zum Anstoßen eingeladen.

Nach einem Jahr Mutterschaftspause meiner Frau wurde Isabel in die Kinderkrippe aufgenommen. In dieser Tageskrippe sollte nun auch für die Gruppe ein Elternaktiv gebildet werden. Das Elternaktiv war das Bindeglied zwischen der Leitung der Kinderkrippe und den Eltern und diente dazu, aufkommende Probleme mit den entsprechenden Eltern zu besprechen. Ich erklärte mich bereit, in diesem Elternaktiv mitzuarbeiten. Schon bald bemerkte ich, dass das nicht so einfach war, da einige Elternteile Mitglieder der politischen Einrichtungen von Oberwiesenthal waren. Somit hielt ich mich mit meinen Äußerungen immer etwas zurück.

Nach der Geburt unserer Tochter Isabel und dem Mutterjahr begann meine Frau im Ferienheim „Friedenswacht" ihre Tätigkeit als Kellnerin. Dieses Ferienheim war eine Einrichtung des Ministeriums des Inneren (MdI) der DDR. Sie wurde als Zivilangestellte eingestellt. Das Kollektiv dieses Ferienheims war den Oberwiesenthaler Skifasching betreffend sehr aktiv. Meine Frau sprach mit mir darüber, ob wir uns da beteiligen wollen. Sie war ja als junges Mädchen bis zu unserer Hochzeit schon immer aktiv bei diesen Veranstaltungen dabei gewesen. Somit war es für mich eine Selbstverständlichkeit, mich an dieser Gruppe zu beteiligen. Die Mitarbeit war vor allem in der Vorbereitungszeit erforderlich, z. B. bei der Anfertigung von Kostümen. Auch an den Veranstaltungen ab dem 11.11. beteiligten wir uns, den Höhepunkt bildete die Teilnahme am Umzug am Faschingsdienstag.

Bild 046/*Die Faschingsfreunde vom Ferienheim Friedenswacht. Hier haben wir 1979 eine Gruppe aus dem „Wilden Westen“ dargestellt.*

Im September 1980 wurde unsere Tochter Michaela eingeschult. Auch in der Schule sollte jede Klasse ein Elternaktiv haben, welches außerhalb der Schul- und Pionierarbeit die gesellschaftliche Arbeit der Schüler betreuen sollte. Einige Eltern, die auch auf der Zechenstraße wohnten, kannten mich mittlerweile und schlugen vor, dass ich Mitglied in diesem Elternaktiv werde. Auch hier sagte ich nicht Nein. „Für alles, was dem Wohl unserer Kinder dient, werde ich mich aktiv einbringen.“ Das war meine Vorstellung, die ich vor der Wahl hatte. In der ersten Zusammenkunft schlugen die Elternvertreter vor, dass ich den Vorsitz übernehmen sollte. Ich dankte allen 6 Mitgliedern für das Vertrauen und nahm diese Aufgabe dankend an. Mit der Klassenlehrerin Erika Raischitsch und der Hortnerin Christl Stolle bildeten wir schon bald ein gutes und starkes Team. Wir unternahmen mit der Schulklasse Wanderungen, Ausfahrten, Bastelnachmittage und besuchten oft die Patenbrigade. Durch meine Arbeit im FDGB-Ferienheim sprach ich mit dem Restaurantleiter der Gaststätte „Am Zechengrund“, ob er mit seinem Team die Patenschaft für unsere Schulklasse übernimmt. Das ist mir gelungen. Anlässlich der Unterzeichnung des Vertrages besuchten wir die Mitarbeiter in der Gaststätte und die Schüler wurden über die Arbeit in der Gastronomie informiert. Nach einem kleinen Imbiss verabschiedeten sich die Schüler mit eigenen Liedern.

Schon bald bewertete die Schulleitung unsere Arbeit im Elternaktiv als nicht zufriedenstellend, da wir mit den Kindern in der Freizeit keine Pionierarbeit durchgeführt hatten. In der Mitte des 3. Schuljahres wurde die Klassenlehrerin in die Grundschule nach Bärenstein versetzt. Unsere Klasse bekam eine neue Lehrerin, die wahrscheinlich unsere Arbeit etwas verändern sollte. Unser Elternaktiv sowie auch die versetzte Klassenlehrerin waren sehr enttäuscht über die Entscheidung der Schulleitung, weshalb wir überlegten, wie wir diese Entscheidung rückgängig machen können. In der Oberwiesenthaler Buchhandlung suchte ich nach Lektüre über das Schulwesen der DDR. Ich entdeckte ein kleines Buch von Margot Honecker, der damaligen Ministerin für Bildung, welches ich für 50 Pfennig kaufte. Es hatte den Titel „8. Pädagogischer Kongress des Bildungswesens der DDR". Schon bald konnte ich darin lesen, dass in der Grundschule während der ersten 4 Jahre keine Lehrer getauscht werden sollen. Ich schrieb einen Brief an die Ministerin für Bildung, Frau Margot Honecker, in dem ich die Entscheidung der Schulleitung schilderte und den Unmut des Elternaktivs zum Ausdruck brachte. Es dauerte nicht lange, bis ich die entsprechende Antwort bekam. Ich erhielt eine Vorladung zum Kreisschulrat nach Annaberg-Buchholz. Als ich das Gebäude betrat, saß im Vorzimmer der Schulleiter der Oberwiesenthaler Schule. Wir begrüßten uns höflich und der Schulleiter meinte: „Sie auch hier, Herr Kuhnt?" Wir wurden beide in das Zimmer des Kreisschulrats gerufen, um über die Versetzung der Lehrerin zu sprechen. Der Kreisschulrat teilte dem Schulleiter mit, dass mit sofortiger Wirkung die Entscheidung zurückgenommen werden muss. Unsere Klassenlehrerin war überaus glücklich, die Klasse bis zum Ende des 4. Schuljahres wieder übernehmen zu dürfen. Nachfolgend wurde ich noch von der Schulleitung zu einem Gespräch eingeladen. Natürlich fand die Schulleitung nicht gut, was ich da unternommen hatte. Der stellvertretende Schulleiter äußerte sich mit sehr ernsten Worten: „Da kommt ein dahergelaufener Bürger und meint, als pädagogischer Laie uns Vorschriften machen zu können, wie wir die Kinder zu erziehen haben." Ich antwortete kurz darauf: „Für die Erziehung der Kinder sind die Eltern zuständig und nicht Sie als Lehrer. Sie haben die Pflicht, unseren Kindern Schulbildung zu lehren." Damit verließ ich diese Runde und ging nach Hause.

Auch im September 1989 stand in der Klasse unserer Tochter Michaela die Wahl zu einem neuen Elternaktiv an. Bei dieser Wahl wurden einige SED-Genossen aus den politischen Ferienheimen neu in das Elternaktiv gewählt. Ich überlegte, ob es etwas bringt, in dem Schuljahr sich nochmal im Interesse der Schüler einzubringen. Da es in der DDR-Politik schon heftig brodelte, wollte ich mich zurückziehen, um abzuwarten, was passiert. Somit habe ich mich nicht mehr zur Arbeit im Elternaktiv bereiterklärt.

Ein weiteres Erlebnis, worüber ich schreiben möchte, war die Vorbereitung zur 8. Volkskammerwahl der SED im Juni 1981. Ich war mittlerweile im FDGB-Ferienheim der Gewerkschafts-Vertrauensmann für den Bereich Technik. Darauf werde ich später noch genauer eingehen. In Vorbereitung auf die Volkskammerwahl wurde in den Betrieben geworben, die Kandidaten der Nationalen Front zu wählen. Im FDGB-Heim gab es dazu eine Veranstaltung, zu der Gäste politischer Einrichtungen bzw. Organisationen eingeladen wurden, unter anderem der Parteisekretär, der Bürgermeister von Oberwiesenthal, der Vorsitzende der Bezirksleitung Karl-Marx-Stadt des FDGB, der Vorsitzende des FDGB-Feriendienstes des Bezirkes Karl-Marx-Stadt, und natürlich war auch die Betriebsleitung des Ferienheimes im Präsidium vertreten. Über viele Dinge wurde gesprochen, bis Fragen von den Mitarbeitern an die Gäste gerichtet werden durften. Ich wartete ab, ob es Diskussionsbeiträge zu den Vorträgen gab. Nachdem keine Beiträge mehr kamen, meldete ich mich und bat um die Möglichkeit zu einem Diskussionsbeitrag. Der Objektleiter fragte mich, was ich zu sagen hätte, da er keinen Diskussionsbeitrag von mir vorliegen hätte. Ich antwortete kurz: „Was ich zu sagen habe, sage ich ohne vorgelegten Beitrag, denn ich sehe nicht ein, dass ein Diskussionsbeitrag erst zur Prüfung vorgelegt werden muss." Ich ging nach vorn und schilderte mein Anliegen. Es ging um den schlechten Fernsehempfang in Oberwiesenthal. „Da es in der DDR Städte mit eigenen Gemeinschaftsantennenanlagen gibt, möchte ich die Bitte aussprechen, dass so etwas auch in Oberwiesenthal installiert wird. Ein Großteil der in Oberwiesenthal wohnenden Familien hat nur die Möglichkeit, ein Programm im Fernsehen zu empfangen, obwohl vom Fernsehen der DDR zwei Programme ausgestrahlt werden. Ich hatte bei einem Antrag für eine eigene Anlage für unseren Wohnblock schon reichlich Schwierigkeiten mit der Stadtverwaltung." Danach begab ich mich auf meinen Platz und war erstaunt über die Ruhe im Saal. Mein Brigadier saß neben mir und meinte: „Du bist verrückt, das kann dein Leben in diesem Heim gewesen sein." Als die Veranstaltung zu Ende war, bat mich der Objektleiter, nach vorn zu kommen. Um ihn herum standen die Gäste aus dem Präsidium. Der Vorsitzende der FDGB-Bezirksleitung Karl-Marx-Stadt gab mir die Hand, bedankte sich für den Mut und die Ehrlichkeit, eine Meinung zu haben, die sicherlich nicht jedem gefiel. Er gab dem Bürgermeister mit auf den Weg, sich sofort mit den Bürgern in Verbindung zu setzen, um so eine Anlage in Oberwiesenthal zu errichten. Der erste Schritt war getan. Schon bald kamen zwei Einwohner zu mir: „Wir wollen in Oberwiesenthal eine Gemeinschaftsantennenanlage errichten." Sie baten mich, im Vorstand mitzuarbeiten. Ich sagte zu und organisierte eine Satzung aus meiner Geburtsstadt Roßwein. Einem Rechtsanwalt aus unserer Stadt gab ich diese Satzung für so eine Antennenanlage. Es dauerte nicht lange, bis wir in Oberwiesenthal einen Vorstand gründeten, der nun ein Projekt in Arbeit gab. Bei einer Einwohnerversammlung legten wir den Oberwiesenthalern eine Satzung vor und der Vorsitzende, Herr Friedrich Herberger, klärte die Anwesenden über Einzelheiten auf. Jede Familie sollte 500 Mark der DDR einzahlen und sich bereiterklären, 35 Stunden an freiwilliger Arbeit zu leisten. Der Zuspruch war riesig. Nun war der Weg frei, im ganzen Ort TV-tüchtige Erdkabel zu verlegen. Begonnen haben wir mit dem Bau einer Kopfstation auf dem 1215 m hohen Fichtelberg. In dieser Hütte wurde eine hochwertige Satellitenanlage installiert. Ein Vorstandsmitglied hatte gute Beziehungen zu einem Unternehmen, welches solche Anlagen für mit nichtsozialistischer Währung zahlende Auftraggeber errichtete. Natürlich war so eine Anlage sehr teuer und nur mit der DM käuflich zu erwerben. Einige Vorstandsmitglieder hatten die Möglichkeit, die DDR-Mark 7 zu 1 in DM zu tauschen. Als 1982 die Fußballweltmeisterschaft in Spanien stattfand, war die Kopfstation auf dem Fichtelberg fertig. Bei einem Bier weihten wir die Anlage ein und sahen über das Zweite Deutsche Fernsehen ein Fußballspiel dieser WM. In Oberwiesenthal sprach sich herum, wie toll der Empfang ist. Als die Schachtarbeiten von der Kopfstation aus in Richtung Stadt begannen, waren so viele Einwohner mit dabei wie zu keiner Maikundgebung. Meine Aufgabe war es nun, von der Kopfstation aus durch den Wald bis runter an den 3. Flutlichtmast auf der Sportwiese die Bauleitung zu übernehmen. Jeder Teilnehmer dieser Anlage scheute keine freie Stunde, um so schnell wie möglich dieses Projekt zu Ende zu bringen. Im Herbst 1983 war es geschafft. Die Bewohner der Einrichtungen vom Ministerium für Staatssicherheit (MfS) und der Grenztruppen durften sich von Anfang an nicht mit beteiligen. Erst kurz vor dem Ende der Arbeiten wurden auch diese Wohnungen noch mit in das Programm aufgenommen. Das hatte das MfS organisiert und die Kosten von 500 Mark pro Wohneinheit dafür übernommen. Die Bewohner mussten lediglich 35 Stunden an Arbeitsleistung nachträglich aufbringen.

1988 stellte ich beim Rat der Stadt Oberwiesenthal den Antrag zum Bau eines Eigenheims. Das Haus habe ich als Anbau an das Gebäude meiner Schwägerin beantragt. Zuvor brauchte ich die Genehmigung, die darauf befindliche Scheune abzureißen. Ich musste von einem Architekten die Bauzustandsstufe einholen, bevor ich die Genehmigung zum Abriss bekommen würde. Das gelang mir mit der Bauzustandsstufe 4. Nun war der Weg frei zur Errichtung eines eigenen Hauses. Ich habe von diesem Architekten eine Zeichnung erstellen lassen und diese mit dem Antrag zum Bau eines Eigenheims eingereicht. Von der Stadtverwaltung wurde dieser Entwurf abgelehnt, mit der Begründung, es wird nur ein Typenhaus, wie es in der DDR üblich ist, genehmigt. Das Haus durfte nur ein Kellergeschoss, eine Wohnetage und ein Dachgeschoss besitzen. Auch die Grundstücksfläche war vorgeschrieben. Da das Grundstück in seiner Größe eine waagerechte Fläche war, wollte ich kein Kellergeschoss errichten. Das Gebäude meiner Schwägerin hatte aber zwei Wohngeschosse und ein Dachgeschoss. Mein Vorhaben war es, die Firsthöhe des Nachbarhauses zu erreichen, um es im Gesamtbild als Doppelhaus erscheinen zu lassen. Das wurde abgelehnt und der Wunsch, ein eigenes Haus zu haben, war Geschichte. In der DDR durfte keiner nach seinen Vorstellungen, sondern nur vorgeschriebene Eigenheime bauen.

Im Januar 1989 bekam ich von meiner Schwester Hannelore aus Königswinter in der BRD eine Einladung zu ihrer Silberhochzeit. Nun musste ich einige Genehmigungen einholen, um eine Reiseerlaubnis mit meiner Frau zu bekommen. Mein erster Gang war der zum Polizeigruppenposten in Oberwiesenthal. Die nette Polizistin gab mir zu verstehen, dass wir die Reiseerlaubnis bekommen, wenn unsere Kinder bei den Großeltern bleiben. Zunächst musste ich die Genehmigung von beiden Einrichtungen, in denen meine Frau und ich tätig waren, einholen. Ich begab mich zu meinem Arbeitgeber, dem Objektleiter des FDGB-Ferienheimes „Am Fichtelberg". Auch hier gab es die Zustimmung, wenn unsere Kinder nicht mitreisen. Meine Frau war als Kellnerin Zivilangestellte im Ferienheim des Ministeriums des Inneren (MdI) der DDR. Auch ihr Vorgesetzter hatte nichts dagegen, musste aber die Genehmigung von seiner Dienststelle aus Karl-Marx-Stadt einholen. Es dauerte wenige Tage, bis ich über das FDGB-Ferienheim eine Nachricht bekam, mich sofort in das Ferienheim meiner Frau zu begeben. Dort angekommen, wurde ich in Anwesenheit des Heimleiters einem Generalmajor Genossen B. vorgestellt. Der Generalmajor erklärte mir, dass es nicht gut sei, zu dieser Silberhochzeit zu fahren. Ich gab ihm zu verstehen, dass der Heimleiter seine Zustimmung bereits erteilt hatte. Der Generalmajor schilderte: „Ich weiß, dass Ihre Schwester in der Kultusministerkonferenz in Bonn arbeitet und diese Leute versuchen werden, Sie für Spionagezwecke zu gewinnen." Ich erwiderte, dass meine Kinder hier bei den Großeltern bleiben und ich sie gerne wiedersehen will. Er verneinte und blieb dabei, dass ich mit meiner Frau keine Reisegenehmigung bekommen werde. Ich war so aufgeregt, verabschiedete mich mit: „Auf Wiedersehen, Herr Genosse Hahnentritt." Seinen richtigen Nachnamen konnte man davon ableiten. Meine anderen 4 Geschwister, die auch in der DDR wohnten, hatten alle mit ihren Ehepartnern die Reisegenehmigung erteilt bekommen und konnten somit an der Feier der Silberhochzeit teilnehmen.

Nach der Volkskammerwahl der DDR im Mai 1989 brodelte es schon in den Großstädten, was das Wahlergebnis von 99,8 % betraf. Nachdem sich das „Neue Forum" gegründet hatte, gab es einen Aufruf, wer sich zum „Neuen Forum" bekennt, sollte abends eine brennende Kerze ins Fenster stellen. Ich war sofort dabei und stellte bei Dunkelheit eine Kerze in das Wohnzimmerfenster. Da mir verwehrt wurde ein Haus nach meinen Vorstellungen zu bauen, sah ich diese Aktion, im Neuen Forum mitzuarbeiten, als eine Herausforderung. Als meine Frau von der Arbeit nach Hause kam, blies sie aus Angst vor Repressalien im MdI-Ferienheim die Kerze aus. Ab diesem Abend herrschte in unserer Familie ein sehr angespanntes Verhältnis. Ich ließ nicht locker, Kerzen aufzustellen und betonte immer wieder, wenn nicht jetzt, wann kann man das Regime zu Veränderungen zwingen. Ich wusste wohl, was auf dem Spiel stand. Nachdem in der DDR immer häufiger Demonstrationen stattgefunden hatten und Bürger in die BRD-Botschaft in Prag geflohen waren, meldete sich schon bald Wolfgang Hess bei mir, um in Oberwiesenthal auch etwas zu unternehmen. Ich war sofort bereit, aktiv mitzuarbeiten. Wir waren ein Kreis von 6 Personen, trafen uns in der Wohnung von Wolfgang und beratschlagten nun, was wir unternehmen könnten. Wir waren uns einig, einen ökumenischen Gottesdienst mit anschließender Demonstration durch Oberwiesenthal zu organisieren. Es war Ende Oktober, als mit dem Pfarrer der evangelisch-lutherischen Kirche von Oberwiesenthal ein Gespräch über einen ökumenischen Gottesdienst geführt wurde. Die Angst stand ihm ins Gesicht geschrieben. Die Stadt war durch die Ferienheime der politischen Einrichtungen stark mit MfS-Familien bewohnt. Trotz Bedenken wurde ein Antrag auf eine Demonstration in der Stadtverwaltung von Oberwiesenthal abgegeben. Wir baten um das Aufstellen eines Mikrofons mit entsprechender Lautsprechertechnik auf dem Markt. Das wurde seitens der Stadt anstandslos genehmigt. An einem Montagabend, es war Anfang November, war es soweit. Die Kirche war bis auf den letzten Platz gefüllt, so dass viele den Gottesdienst nur im Stehen erleben konnten. Zum Ende erhielt jeder Bürger eine brennende Kerze und der Marsch durch die Stadt begann. In lauten Sprechchören wurde gerufen: „Nieder mit dem ZK, Stasi in den Tagebau, baut die Mauer um das ZK, freie Wahlen." Wir 6 Organisatoren liefen in einer Reihe vorn weg. Auf dem Markt angekommen, hatte sich die gesamte Stadtverwaltung hinter uns vor dem Marktbrunnen aufgestellt. Der Markt war voll von Menschen, was ich nie erwartet hätte. Ich war der erste Redner am Mikrofon mit den Worten: „Die Macht der DDR-Regierung ist zu Ende. Sie ist gescheitert an einer miserablen Wirtschafts- und Sozialpolitik. Jeder, der treu zu dieser Regierung gestanden hat, sollte seinen Hut nehmen und durch eine freie Wahl die Macht dem wirklichen Volk übergeben. Das Volk ist der größte Souverän und ist auch in der Lage, sich politisch einzubringen." Weitere Redner ergriffen das Wort. So auch Bürger aus den Reihen der sich auf dem Markt befindlichen Einwohner. Zum Schluss habe ich alle aufgefordert, nicht die bundesdeutsche Nationalhymne, sondern die ersten zwei Strophen der Hymne der DDR mitzusingen. Es heißt nicht umsonst „Auferstanden aus Ruinen ...", denn zu dieser Zeit war ja die DDR schon ein Trümmerhaufen von Immobilien und Betrieben. Den Text las ich zuerst vor, da ihn ja viele nicht (mehr) kannten. Es war in der DDR verboten, diese Hymne mit Text zu singen, nur die Melodie durfte noch gespielt werden.

Auferstanden aus Ruinen
und der Zukunft zugewandt.
Lass uns dir zum Guten dienen,
Deutschland, einig Vaterland.
Alte Not gilt es zu zwingen
und wir zwingen sie vereint.
Denn es muss uns doch gelingen,
dass die Sonne schön wie nie
über Deutschland scheint,
über Deutschland scheint.

Glück und Frieden sei beschieden
Deutschland, unserm Vaterland.
Alle Welt sehnt sich nach Frieden,
reicht den Völkern eure Hand.
Wenn wir brüderlich uns einen,
schlagen wir des Volkes Feind.
Lasst das Licht des Friedens scheinen,
dass nie eine Mutter mehr
ihren Sohn beweint,
ihren Sohn beweint.

Nach der Kundgebung ging ich so was von erleichtert nach Hause und freute mich auf eine baldige freiheitliche Republik. Zu Hause angekommen, saß meine Frau weinend am Tisch. Ich fragte sie nach dem Grund. Es war alles super gelaufen. Sie gab mir zu verstehen, dass vor unserer Kundgebung ein LKW der Bereitschaftspolizei voll mit Polizisten aus Plauen im Ferienheim angekommen war. Beim Abendessen hatten sie sich gerühmt, wie sie wieder zuschlagen konnten. Während ich auf dem Markt am Mikrofon gestanden hatte, hatten sie an der Fensterfront gesessen und gesagt: „Den müssen wir uns merken. Wenn sich alles wieder beruhigt hat, holen wir uns den und stellen ihn an die Wand.“ Das hatte meine Frau gehört, als sie diese Polizisten gerade bedient hatte. Sie war in den Rückbereich gegangen und hatte gesagt: „Ich kann nicht mehr rausgehen und diese Leute bedienen.“ Der Heimleiter hatte meine

Frau nach Hause geschickt und ihr versprochen, dass hier niemand über das soeben Geschehene spricht. Für diese Entscheidung gebührt ihm ein großes Dankeschön. Er hatte meine Frau unterstützt, indem er nicht wie ein Offizier der Polizei, was er auch war, gehandelt hatte.

Zum 80. Geburtstag der Oma meiner Frau, am 03. November 1989, gab es natürlich die Diskussion, wie lange sich die Mauer noch hält. Ich fand die Worte: „Nächstes Wochenende fahre ich mit meinem Trabant problemlos über die innerdeutsche Grenze in den Westen." Alle haben gelacht und gesagt: „Wenn das der Fall ist, sind wir mit dabei."

KAPITEL 7

Die berufliche Zeit im FDGB-Ferienheim „Am Fichtelberg"

Am 15.Juli 1975 begann ich meine Tätigkeit als Betriebshandwerker in dem noch im Bau befindlichen FDGB-Ferienheim. Durch die Politik von Walter Ulbricht in der damaligen DDR war in Oberwiesenthal ein Interhotelbau geplant und begonnen worden. Es sollte wie in Oberhof ein Panorama-Interhotel gebaut werden. Mit dem 8. Parteitag der SED unter der Führung von Erich Honecker wurde der Interhotelbau gestoppt und der Beschluss gefasst, FDGB-Ferienheime zu errichten. Ich weiß nicht, wie viel Geld bis dahin schon verbaut worden war. Mir ist nur noch in Erinnerung, dass eine bereits errichtete Stützmauer aus Stahlbeton wieder gesprengt wurde.

Bild 047*/Die bis zur Hälfte fertig gestellte Stützmauer.*

Bis zur Fertigstellung von neuen Wohnhäusern für den FDGB-Feriendienst bekam ich als Unterkunft in Oberwiesenthal vorübergehend ein Zimmer in einem der neu erbauten Häuser. Über das Wochenende bin ich immer nach Hause zu meiner Familie gefahren. Anfangs habe ich als Hilfsarbeiter in all den Gewerken mit zugepackt, wo Hilfe benötigt wurde. An manchen Abenden wurde ich auch für Nachtwachen im gesamten Baugelände eingeteilt. Im August kamen die Monteure vom Sächsischen Brücken- und Stahlhochbau (SBS) aus Dresden, denen ich für Hilfsarbeiten zugeteilt wurde. Von da an begann für mich die Mitarbeit bei der Montage von Personenaufzügen. Diese Arbeit war hochinteressant. Sie sollte für mich die Zukunft in diesem Ferienheim werden. Im Oktober 1975 absolvierte ich in Zschopau erfolgreich einen 14-Tage-Lehrgang zum Aufzugswärter. Nach diesen 2 Wochen wurde eine schriftliche Prüfung zum Thema „Die Funktion von Fangvorrichtungen an Aufzügen“ abgelegt (Bild 048).

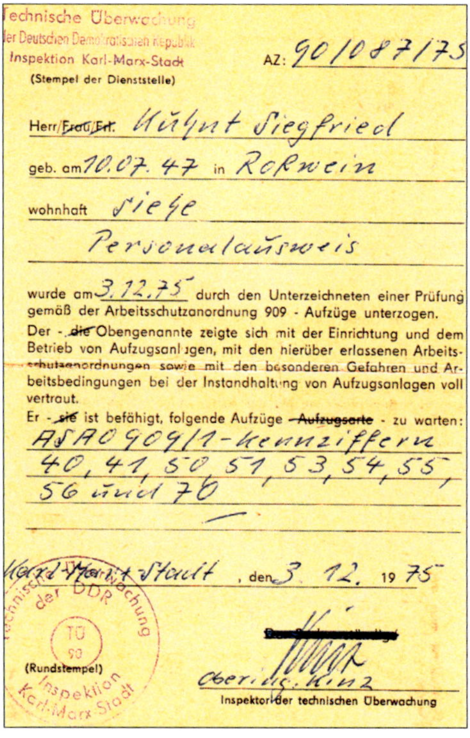

Technische Überwachung
der Deutschen Demokratischen Republik
Inspektion Karl-Marx-Stadt
(Stempel der Dienststelle)

AZ: 90/1087/75

Herr/~~Frau/Frl.~~ Kühnt Siegfried

geb. am 10.07.47 in Roßwein

wohnhaft siehe Personalausweis

wurde am 3.12.75 durch den Unterzeichneten einer Prüfung gemäß der Arbeitsschutzanordnung 909 - Aufzüge unterzogen.

Der - ~~die~~ Obengenannte zeigte sich mit der Einrichtung und dem Betrieb von Aufzugsanlagen, mit den hierüber erlassenen Arbeitsschutzanordnungen sowie mit den besonderen Gefahren und Arbeitsbedingungen bei der Instandhaltung von Aufzugsanlagen voll vertraut.

Er - ~~sie~~ ist befähigt, folgende Aufzüge ~~Aufzugsarte~~ - zu warten:
ASAO 909/1 - Kennziffern 40, 41, 50, 51, 53, 54, 55, 56 und 70

Karl-Marx-Stadt, den 3. 12. 1975

Technische Überwachung der DDR
TÜ 90
Inspektion Karl-Marx-Stadt
(Rundstempel)

[redacted]

Ober-ing. Kunz
Inspektor der technischen Überwachung

Bild 048

Am 15. Dezember 1975 fand mit einer riesengroßen Festveranstaltung die Einweihung des FDGB-Ferienheims „Am Fichtelberg“ statt. Ich wurde sofort mit der Aufgabe vertraut gemacht, die Funktion der Personenaufzüge zu überwachen (Bild 049).

Bild 049

Über Weihnachten und Silvester 1975 kam meine Familie nach Oberwiesenthal, wo wir dann gemeinsam bei den Eltern meiner Frau wohnten. Für die Silvesterveranstaltung bekam ich für meine Frau eine Freikarte. Vor der Veranstaltung führte ich meine Frau durch das moderne Ferienheim. Während der gesamten Veranstaltung musste ich mich immer auf Abruf bereithalten, für den Fall, dass ein Aufzug zum Stillstand kam. Es war ein tolles Gefühl, so eine Verantwortung übertragen zu bekommen. Meine Hauptaufgabe als Betriebshandwerker in dem neu erbauten Ferienheim war die Absicherung der Funktionsfähigkeit der 5 Personen-, 3 Lasten- und 2 Kleinlastenaufzüge. Bei auftretenden Störungen habe ich diese an die „PGH Garant“ nach Karl-Marx-Stadt (heute Chemnitz) gemeldet und gemeinsam mit den Monteuren die Störungssuche durchgeführt. Dadurch konnte ich mein Fachwissen direkt an den Anlagen erweitern. Auf Grund dieser verantwortungsvollen Aufgabe wurde ich dem Bereich Elektrik zugeteilt. Mein Wunsch, in der Elektrotechnik zu arbeiten, war nach 12 Jahren endlich in Erfüllung gegangen. Infolge einer sehr hohen Frequentierung häuften sich im ersten Jahr die Störungen an den 4 Personenaufzügen. Der technische Leiter bat mich in sein Büro und bot mir an, mich in einem Lehrgang für die Steuerung von Aufzügen ausbilden zu lassen. Ich betonte sofort mein Interesse, gab jedoch zu bedenken, dass ich von Beruf Maschinen- und Stahlbauschlosser bin. Er gab mir zu verstehen, dass das ja auch in meinen Unterlagen stehe, er aber von den Monteuren der „PGH Garant" aus Karl-Marx-Stadt erfahren hätte, dass ich die für diese Qualifizierung nötigen Voraussetzungen erfüllen würde. Bevor ich zu so einem Lehrgang zugelassen werde, überprüfe ein Ingenieur aus Dresden, der die Steuerungen für solche Anlagen entwickelt hat, ob meine Kenntnisse eine erfolgreiche Teilnahme an diesem Lehrgang ermöglichen. Wie besprochen, fand eine solche Prüfung statt. Wir fuhren mit einem Aufzug hoch in die 7. Etage und weiter über eine Treppe in die 8. Etage, wo sich der Maschinenraum befand. Ich musste draußen vor der Tür warten, bis ich in den Maschinenraum eintreten durfte. Der Prüfer hatte in einem Aufzug einer Aufzugsgruppe, bestehend aus zwei Aufzügen, einen Fehler eingebaut, so dass beide Aufzüge nicht mehr fahrbereit waren. Er bat mich, diesen Fehler zu beheben. Ich schaute mir die Schaltung der entsprechenden Relais der Sammelsteuerung an. Danach schlug ich den entsprechenden Schaltplan auf, nahm das analoge Messgerät und suchte den Fehler. Es dauerte nicht lange und ich erklärte dem Prüfer, welchen Fehler er eingebaut hatte. Er stutzte kurz, schüttelte den Kopf und meinte: „Gern möchte ich Sie, Herr Kuhnt, zu diesem Steuerungslehrgang einladen und zu einem Monteur für Förderanlagen ausbilden." Im Anschluss gingen wir gemeinsam in das Büro des technischen Leiters, wo der Prüfer das Ergebnis schilderte. Somit wurde ich zu diesem Lehrgang zugelassen, der an 10 Wochenenden jeweils von Freitag, 11:00 Uhr, bis Samstag, 15:00 Uhr, in Leipzig von der Firma VEB Starkstromanlagenbau Magdeburg durchgeführt wurde. Der Lehrgang fiel mir nicht schwer. Zur mündlichen Prüfung musste ich anhand von Schaltplänen Fragen zu gewissen Steuerungseinheiten erklären. Danach fuhren wir in Leipzig zu einem 15-geschossigen Wohnhaus, wo die praktische Prüfung zu absolvieren war. Auch hier hatte ich bei der Suche nach einem eingebauten Fehler kein Problem und konnte nach 10 Minuten den Maschinenraum verlassen. Der Prüfer gab mir zu verstehen, dass ich sehr gut gearbeitet hätte. Eine Woche später erhielt ich vom technischen Leiter des Ferienheims das Zertifikat zur selbstständigen Durchführung von Entstörungen, Reparaturen und Wartungen an Aufzügen, auch während der Garantiezeit (Bild 050). Es war geschafft. Endlich konnte ich mich im elektrotechnischen Bereich beweisen. Nur kurze Zeit später teilte mich der Brigadier der Elektrobrigade, zu der acht Personen gehörten, auch für den Bereich der Betriebs-, Mess-, Steuerungs- und Regeltechnik (BMSR) der Kühlanlagen, der Küchentechnik und der GWN-Anlage ein. Die GWN-Anlage war eine zentrale Anlage der Fernmeldetechnik mit Hebdrehwählern von Flachrelais. Natürlich machte mir diese Arbeit Spaß, denn ich konnte mich dabei auch im technischen Bereich weiterbilden. Schon bald stellte ich fest, dass die dafür eingestellten Mitarbeiter sich immer mehr zurücklehnten, während ich vom Brigadier immer häufiger gebeten wurde, an den entsprechenden Anlagen Entstörungen vorzunehmen.

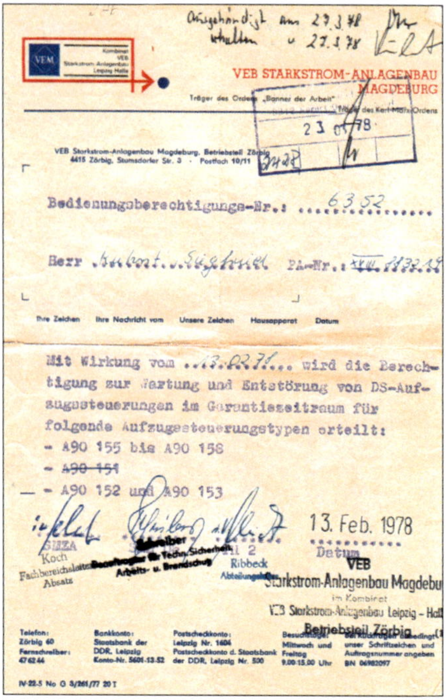

Ausgehändigt am 27.3.78
erhalten " 27.3.78

Kombinat VEB Starkstrom-Anlagenbau Leipzig Halle

VEB STARKSTROM-ANLAGENBAU MAGDEBURG

Träger des Ordens „Banner der Arbeit" Träger des Karl-Marx-Ordens

23 03 78

VEB Starkstrom-Anlagenbau Magdeburg, Betriebsteil Zörbig
4415 Zörbig, Stumsdorfer Str. 3 · Postfach 10/11

Bedienungsberechtigungs-Nr.: 6352

Herr ... PA-Nr.: ...

Ihre Zeichen | Ihre Nachricht vom | Unsere Zeichen | Hausapparat | Datum

Mit Wirkung vom 13.02.78 wird die Berechtigung zur Wartung und Entstörung von DS-Aufzugsteuerungen im Garantiezeitraum für folgende Aufzugsteuerungstypen erteilt:
- A90 155 bis A90 158
- ~~A90 151~~
- A90 152 und A90 153

13. Feb. 1978
Datum

Koch
Fachbereichsleiter Absatz

Schreiber
Beauftragter für Techn. Sicherheit, Arbeits- u. Brandschutz

Ribbeck
Abteilungsleiter

VEB Starkstrom-Anlagenbau Magdeburg
im Kombinat
VEB Starkstrom-Anlagenbau Leipzig – Halle
Betriebsteil Zörbig

Telefon: Zörbig 60
Fernschreiber: 476244

Bankkonto: Staatsbank der DDR, Leipzig Konto-Nr. 5601-13-52

Postscheckkonto: Leipzig Nr. 1606
Postscheckkonto d. Staatsbank der DDR, Leipzig Nr. 500

Besuchstage: Mittwoch und Freitag 9.00-15.00 Uhr

Bei Rückfragen unbedingt unser Schriftzeichen und Auftragsnummer angeben
BN 06982097

IV-22-5 No G 3/261/77 20 T

Bild 050

Im Ferienheim wurde von der Objektleitung angestrebt, Neuereraktive zu bilden. Im Bereich Technik habe ich mich bereiterklärt, in so einem Aktiv mitzuarbeiten. Schon bald hatte ich eine Idee, wie die Personenaufzüge bei einem Alarm der Brandmeldetechnik in die Haupthaltestelle im Erdgeschoss fahren können und dort bei geöffneten Türen stehen bleiben. Ich erarbeitete einen Schaltplan und reichte diesen beim Sicherheitsinspektor ein. Er bestätigte die Notwendigkeit und ließ diesen Plan prüfen. Es dauerte nicht lange und ich bekam das Okay für die Umsetzung dieses Vorschlages. Nach erfolgreicher Installation führte ich der Objektleitung die Funktion bei ganz normalem Betrieb vor. Der Sicherheitsbeauftragte löste die Objektsirene aus. Unabhängig davon, in welcher Richtung die 4 Aufzüge fuhren oder in welcher Etage sie standen, wurden alle gespeicherten Rufe gelöscht und das Signal „Erdgeschoss“ eingegeben. Die Aufzüge nahmen keinen weiteren Ruf an, fuhren in das Erdgeschoss und blieben mit geöffneten Türen stehen. Erst durch den Einsatzleiter der Feuerwehr konnten die Aufzüge durch Betätigen eines Schlüsselschalters im Erdgeschoss wieder in Betrieb gesetzt werden. Die Begeisterung war riesig. Das Ergebnis war eine Prämie von 1.050 Mark der DDR (Bild 051). Natürlich habe ich das Geld nicht für mich genommen, sondern in unsere Brigadekasse eingezahlt. Davon haben wir oft Feierlichkeiten durchgeführt. In den Sommermonaten haben wir Volleyball gespielt, mit anschließendem Baden in der Schwimmhalle. Im Winter ging es dienstags zum alpinen Skifahren. Hier haben wir uns die nötigen Schuhe und Skier in der ferienheimeigenen Skiausleihe ausgeliehen. Auch Langlauftouren mit Einkehr in eine Gastwirtschaft durften nicht fehlen, so zum Beispiel auf den Plessberg in der CSSR.

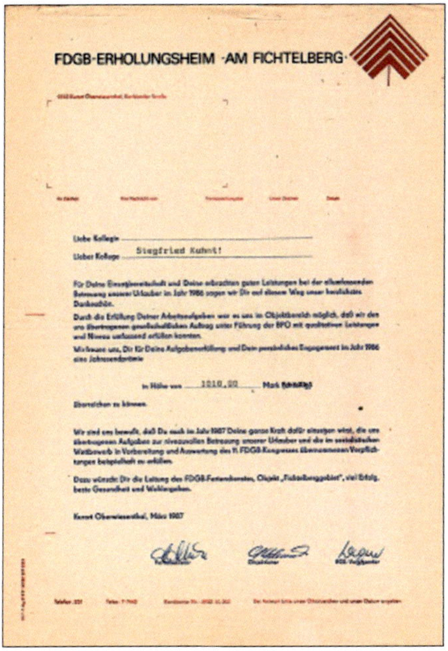
FDGB-ERHOLUNGSHEIM AM FICHTELBERG

Liebe Kollegin

Lieber Kollege Siegfried Kuhnt!

Für Deine Einsatzbereitschaft und Deine erbrachten guten Leistungen bei der [illegible] Betreuung unserer Urlauber im Jahr 1986 sagen wir Dir auf diesem Weg unser herzlichstes Dankeschön.

Durch die Erfüllung Deiner Arbeitsaufgaben war es uns im Objektbereich möglich, daß wir den uns übertragenen gesellschaftlichen Auftrag unter Führung der BPO mit qualitativen Leistungen und Niveau umfassend erfüllen konnten.

Wir freuen uns, Dir für Deine Aufgabenerfüllung und Dein persönliches Engagement im Jahr 1986 eine Jahresendprämie

in Höhe von 1010,00 Mark [illegible]

überreichen zu können.

Wir sind uns bewußt, daß Du auch im Jahr 1987 Deine ganze Kraft dafür einsetzen wirst, die uns übertragenen Aufgaben zur niveauvollen Betreuung unserer Urlauber und die im sozialistischen Wettbewerb in Vorbereitung und Auswertung des 11. FDGB-Kongresses übernommenen Verpflichtungen beispielhaft zu erfüllen.

Dazu wünscht Dir die Leitung des FDGB-Feriendienstes, Objekt „Fichtelberggebiet“, viel Erfolg, beste Gesundheit und Wohlergehen.

Kurort Oberwiesenthal, März 1987

Bild 051

Bild 052/*Eine Skiwanderung in Richtung Plessberg, in der damaligen CSSR.*

Dazu war unsere Brigadekasse angelegt, um für nötige Kosten nicht jeden einzelnen zu belasten. Die Kasse habe ich geführt und jeden Monat den Mitarbeitern unseres Teams über den aktuellen Stand Auskunft gegeben.

Im Mai 1978 meldete sich Erich Honecker zu einem Besuch an, um das neuerbaute Ferienheim zu besichtigen. Einen Tag vor seinem Besuch kamen 2 Herren und prüften mit mir an zwei Aufzügen einer Aufzugsgruppe die Sicherheitsstandards. Schon bald merkte ich, dass die beiden Herren nicht von der Technischen Überwachung waren. Gegen 17:00 Uhr wollte ich nach Hause gehen, um mit meiner Frau einkaufen zu fahren. Sie war im 8. Monat schwanger. Ich wurde aufgefordert, zu bleiben und jemanden zu organisieren, der mit meiner Frau einkaufen fährt. Den Herren gab ich jedoch zu verstehen, dass sie nicht mein Arbeitgeber seien und somit nicht einfach über mich verfügen könnten. Einer der beiden ging mit mir zum Objektleiter und forderte ihn auf, sofort jemanden mit dem Auto zu meiner Frau zu schicken und mit ihr einkaufen zu fahren. Der Objektleiter widersprach nicht und schickte jemanden vom Fuhrpark zu meiner Frau. Ich war so was von sauer und arbeitete nur noch nach Anweisung dieser

Herren. Gegen 21:00 Uhr wurden diese beiden Aufzüge außer Betrieb genommen und die Hauptschalter versiegelt. Danach konnte ich nach Hause gehen, mit der Aufforderung, mich am nächsten Tag pünktlich 7:00 Uhr an der Rezeption einzufinden. Am nächsten Tag an der Rezeption angekommen, wurde ich erst einmal abgetastet. Danach bekam ich ein Schild mit meinen persönlichen Daten, welches ich an meine Kleidung anheften musste. Um weitere Informationen entgegenzunehmen, hatte ich mich in den Maschinenraum zu begeben. Ich fuhr in einem der noch in Betrieb befindlichen Aufzüge hoch und wurde von einem Herrn in Empfang genommen. Auch hier wieder ein Abtasten am ganzen Körper. Erst dann durfte ich den Maschinenraum betreten. Einer der beiden Herren forderte mich auf, den Schaltplan auf den Tisch zu legen und das Messgerät bereitzuhalten. Ich zeigte den Herren die Mappe mit den Schaltplänen und fragte, welchen ich denn aufschlagen solle? Sie schauten mich an und meinten, das sei ihnen egal. Die Hauptsache sei, es bleibe kein Aufzug während der Fahrt stehen. Wenn das passiere, hätte ich zu handeln, um den Aufzug schnellstmöglich wieder zum Laufen zu bringen. Gelinge mir das nicht, hätte ich mit Konsequenzen zu rechnen. Mir war himmelangst. Ich musste mich auf einen Stuhl setzen und durfte mich nicht rühren. Einer dieser Herren schaute permanent zum Fenster raus, um zu sehen, wenn Erich Honecker mit dem Auto vorfährt. Die Aufzüge waren noch abgeschaltet und im Erdgeschoss stand vor jeder Aufzugskabine ein Herr. Das Ferienheim war voll belegt mit Urlaubern, denen während dieser Zeit nur zwei von normalerweise 4 Aufzügen zur Verfügung standen, d. h. für ca. 800 Urlauber einer für 12 und einer für 6 Personen. Der Herr am Fenster im Maschinenraum sagte, es geht los. Ich sollte mich zum Einschalten der durch Abschaltung reservierten Aufzüge bereithalten. Es verging eine reichliche halbe Stunde, ohne dass etwas passierte. Auf einmal sagte der Herr am Fenster: „Er macht schon wieder fort.“ Ich war erleichtert und musste heimlich über die Äußerung der beiden Herren lachen. Sie schimpften über den Aufwand und einer meinte: „Zum wiederholten Male werden wir von dem verarscht." Sie verließen den Maschinenraum und sagten zu mir: „Sie können jetzt machen, was Sie wollen." Ich schaltete die Aufzüge ein und wollte nach unten. Vorbeigehend an der offen stehenden Tür vom Jagdzimmer, wo der offizielle Empfang von Erich Honecker geplant war, schaute ich rein und meine Augen sahen eine eingedeckte Tafel mit feinstem Geschirr, Bleikristallschalen, gefüllt mit feinstem Obst, was man in der DDR nur unter der Ladentafel oder im Intershop bekommen konnte. Die Bleikristallschalen waren extra mit einem Sicherheitstransport aus Lauscha geholt worden. Sie mussten nach dem Empfang sofort wieder zurückgebracht werden, da sie als Geschenk für das englische Königshaus bestimmt waren. Das Jagdzimmer war eine Räumlichkeit mit 24 Sitzplätzen vom Feinsten, mit grün bezogenen Sesseln und bester Ausstattung. Auf dem Geschirr befanden sich tolle Jagdmotive. Ich bat den Kellner um eine Flasche von dem Exportbier. Er sagte: „Nein, das ist für andere Zwecke gedacht." Nachdem ich die achte Etage verlassen hatte, begab ich mich in die siebente Etage, um mit dem Aufzug nach unten zu fahren. Beide bereitgehaltenen Kabinen kamen voll besetzt nach oben und die Personen begaben sich in das Jagdzimmer. Es waren ausschließlich Funktionäre der SED-Kreis- und Bezirksleitung sowie des FDGB-Bezirks- und Landesvorstandes.

Im Bereich Technik war ich für 35 Mitarbeiter der Gewerkschaftsvertrauensmann. Monatlich musste ich die Mitgliedsmarken der Gewerkschaft auf Karten kleben.

Bild 053/*Meine Karte, wo zusätzlich zum Ausweis die Mitglieds- und die Solidaritätsmarken eingeklebt wurden. Diese Karten habe ich als Gewerkschafts-Vertrauensmann geführt.*

Für jeden Mitarbeiter gab es eine eigene Karte, die sich in meinem persönlichen Besitz befand. Die Mitgliedsmarken entsprachen einem Geldwert, der sich nach dem monatlichen Bruttolohn richtete. Alle Betriebshandwerker wurden mit einem einheitlichen Bruttolohn eingestellt. Somit stand auf jeder Marke der gleiche Wert. Als ein neuer Mitarbeiter im Bereich Gas, Wasser, Sanitär (GWS) eingestellt wurde, bemerkte ich, dass seine Marke 2 Mark der DDR mehr betrug und folglich auch der Bruttolohn entsprechend höher war. Da wurde ich stutzig. Ich begab mich zum Leiter der Betriebsgewerkschaftsleitung (BGL) und stellte ihm die Frage, wieso der neue Mitarbeiter einen höheren Bruttolohn habe als alle anderen Handwerker im Bereich Technik. Da er sich das auch nicht erklären konnte, gingen wir beide zur Kaderleiterin, die für die Einstellung von Mitarbeitern verantwortlich war. Die Frau teilte uns mit, dass das vom Objektleiter so angewiesen worden war. Der nächste Weg führte uns zu ihm und ich schilderte diese Angelegenheit. Er begann mich aufzuklären, dass diese Entlohnung der Wunsch des neuen Mitarbeiters gewesen sei, um finanziell nichts gegenüber seinem vorherigen Betrieb einzubüßen. Zum Schluss kam heraus, dass der Vater des betroffenen Betriebshandwerkers seit Jahren ein politischer SED-Freund des Objektleiters war. Ich stellte den Antrag, allen Handwerkern den Arbeitsvertrag so zu ändern, dass keiner im Lohn gegenüber dem neuen Mitarbeiter benachteiligt wird. Er verneinte und sagte, das gehe auf keinen Fall. Er gab mir und dem BGL-Vorsitzenden zu verstehen, dass er mit dem entsprechenden Mitarbeiter reden werde, damit dieser in Zukunft von dem höheren Bruttolohn absehe und sein Arbeitsvertrag geändert werde. Gelinge ihm das nicht, müsse er, der Objektleiter, die Differenz aus seiner Tasche zahlen. Im folgenden Monat war der Mitgliedsbeitrag der gleiche wie bei allen anderen Handwerkern. Der neue Mitarbeiter hatte von diesem Tag an ein sehr gespaltenes Verhältnis zu mir. Das war mir egal. Wichtig war, das sahen auch alle anderen Handwerker so, dass ich mich als Gewerkschafter durchgesetzt hatte.

Auf Grund der sehr großen Bettenzahl im Ferienheim forderte die Gewerkschaft die Gründung einer Betriebsfeuerwehr, die auch bald erfolgte. Immerhin standen 800 Betten und 500 Aufbettungen zur Verfügung. Die Belegung in diesem Heim war ganzjährig zu 100 % ausgelastet. Nur im Dezember gab es eine 14-tägige Schließzeit für Renovierungs- und Wartungsarbeiten in Räumlichkeiten und im Bereich der technischen Anlagen. Ich erklärte mich bereit, bei der Feuerwehr mitzuarbeiten. Wir wurden sehr sporadisch von dem eingesetzten Wehrleiter geschult und keiner wusste so richtig, wie wir im Ernstfall zu reagieren hatten. Oft stellte ich unserem Sicherheitsbeauftragten die Frage nach einer sachgemäßen Ausbildung und effektiver Schulung. Der Sicherheitsinspektor bot mir an, mich als Wehrleiter ausbilden zu lassen. Ich erklärte mich sofort bereit, wenn diese Möglichkeit besteht. Schon kurze Zeit später wurde ich zu einem 2-Wochen-Lehrgang in das Ausbildungskommando (ABK) für Freiwillige Feuerwehren nach Borna zur Ausbildung an der Brandschutztechnik delegiert. Nach Abschluss mit erfolgreicher Prüfung wurde ich mit dem Dienstgrad Löschmeister den Kameraden der Freiwilligen Feuerwehr vom FDGB-Ferienheim Oberwiesenthal als Wehrleiter der Betriebsfeuerwehr vorgestellt.

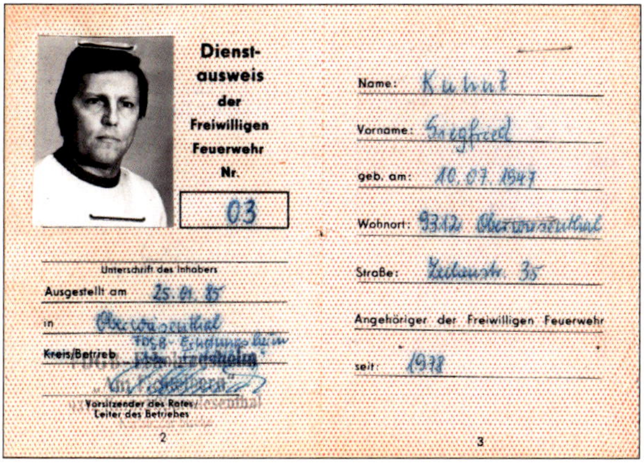
Dienstausweis der Freiwilligen Feuerwehr Nr. 03

Unterschrift des Inhabers
Ausgestellt am 25.01.85
in Oberwiesenthal
Kreis/Betrieb
Vorsitzender des Rates
Leiter des Betriebes
2

Name: Kuhnt
Vorname: Siegfried
geb. am: 10.07.1947
Wohnort: 9312 Oberwiesenthal
Straße:
Angehöriger der Freiwilligen Feuerwehr
seit: 1978
3

Bild 054*/Mein Dienstausweis der Betriebsfeuerwehr.*

Die erste Arbeit war, ein Depot einzurichten, in dem wir unsere Ausrüstung unterbringen konnten. Dieses richteten wir uns in Eigenleistung in dem Mehrzweckgebäude ein, das für die Berufsausbildung und den technischen Bereich vorgesehen war. Einen Raum nutzten wir für die Kleidung, im zweiten war die Technik untergebracht. Wir waren 16 Kameraden und benötigten auch entsprechende Kleidung, Ausrüstung und Technik. Ich beantragte den Kauf von einer Tragkraftspritze TS 8 sowie 16 Druckluftatemgeräten mit je einer zusätzlichen Lebensretter-Maske bei unserem Sicherheitsbeauftragten. Zusätzlich bat ich darum, alle Schlauchkästen im Objekt mit einer Arexdüse an den C-Strahlrohren auszurüsten. Diese Düsen haben die Eigenschaft, das Wasser so zu verwirbeln, dass es in Tröpfchenform wie ein feiner Nebel auf den Brandherd gerichtet werden kann. Somit gibt es einen geringeren Wasserverbrauch, außerdem wird im Brandfall ein größerer Wasserschaden verhindert. Regelmäßig habe ich unsere Kameraden theoretisch und praktisch geschult.

Schon bald erwartete mich eine weitere ehrenamtliche Tätigkeit. Der Objektleiter bat mich zu sich und stellte mir die Frage, ob ich auch Interesse hätte, einen Fotozirkel in der Berufsausbildung zu leiten. Fotografieren war schon immer eine Leidenschaft von mir gewesen. Im Heim war allerhand Fototechnik vorhanden, die ein Mitarbeiter der Gastronomie verwaltete und zu entsprechenden Anlässen für die Heimchronik nutzte. Der Mitarbeiter, der die Fototechnik verwaltete, schlug mir vor, bei dem Oberwiesenthaler Fotografenmeister Wilhelm Schiefer das Handwerk zu erlernen. Ich wurde dem Fotografenmeister vorgestellt und begann in meiner Freizeit, bei ihm das Handwerk der Entwicklung von Fotos zu erlernen. Kurz darauf richtete ich in dem Mehrzweckgebäude ein Fotolabor ein. Herr Schiefer übergab dem FDGB-Ferienheim seine gesamte Ausrüstung zur Fotoentwicklung und noch einige Kameras. Er hatte schon ein hohes Alter erreicht und wollte in den Ruhestand gehen. Im Bereich Berufsausbildung wurde mittels Umfrage das Interesse an Freizeitbeschäftigung in einem Fotozirkel ermittelt. 6 Lehrlinge erklärten sich bereit und wir trafen uns an einem Abend im Fotolabor. Nachdem ich den Lehrlingen das kleine Einmaleins zum Thema Fotografie und Entwicklung von Fotos erklärt hatte, bekamen sie eine Kamera, um in der Natur Fotos zu machen. Jeden Mittwochabend von 17:00 Uhr bis 20:00 Uhr trafen wir uns im Labor, um die Fotos zu entwickeln.

Ein besonders schönes Erlebnis war es, als anlässlich des Tages der Deutsch-Sowjetischen Freundschaft Bürger der Sowjetunion von der Objektleitung zu einem Tanzabend eingeladen worden waren. Während des Tanzens fotografierten die Mitglieder des Fotozirkels, entwickelten die Fotos noch am gleichen Abend und überreichten sie den Gästen. Diese waren natürlich begeistert. Auch bei den jährlichen Kinderweihnachtsfeiern der FDGB-Mitarbeiter wurde fotografiert. Diese Fotos von den Kindern wurden kurze Zeit später an einer Tafel ausgestellt und konnten von den Mitarbeitern kostenlos bestellt werden.

Im Februar 1987 wurde in Oberwiesenthal die Kinder-und-Jugend-Spartakiade in den Wintersportdisziplinen durchgeführt. Als Pressefotograf für die Zeitung „Neues Deutschland" wurde mir ein ehemaliger Olympiasieger vorgestellt. Er war bei den Olympischen Sommerspielen 1956 in Melbourne der Gewinner der 1. Goldmedaille im Boxen gewesen. Ich bekam den Auftrag, ihn in unserem Fotolabor bei der Entwicklung von Fotos, die er über den Tag aufgenommen hatte, zu unterstützen. Natürlich habe ich es mir nicht nehmen lassen, dabei zu sein, um mich weiterzubilden. Es war eine tolle Zeit mit ihm. Zum Abschied bedankte er sich bei mir für die hervorragende Zusammenarbeit und überließ mir das übrig gebliebene Fotopapier. Es war kein DDR-Fotopapier, nein, es war Kodak-Fotopapier. Das habe ich nur noch für meine privaten Zwecke genutzt.

Interessant war auch der jährliche Sprunglauf der Freien Presse auf der Fichtelbergschanze. Da kamen Mannschaften aus vielen Ländern der Welt. Im Vorfeld wurden wir Handwerker vom Objekt- und technischen Leiter aufgeklärt, keinen Kontakt zu Sportlern oder Funktionären aus den nichtsozialistischen Ländern aufzunehmen oder ihnen bei Bedarf keine Hilfeleistungen zu geben. Eines Tages, als wir vom Mittagessen über den Parkplatz in unsere Werkstatt gingen, sah ich, wie der Parteisekretär bei einem Audi aus Österreich am vorderen Rad Luft aufpumpte. Ich konnte mir einen Spruch nicht verkneifen. „Was machst du denn hier an dem Auto? Es wurde doch in allen Bereichen eine Information durchgestellt, nichtsozialistischen Bürgern keine Hilfeleistungen zu gewähren." Es dauerte gar nicht lange, bis ich zum Objektleiter gerufen wurde. Er drohte mir auf Grund meiner Äußerung gegenüber dem Parteisekretär: „Noch einmal so ein Vergehen und ich bring dich dorthin, wo dir dein Mundwerk gestopft wird." Ich war schockiert und wusste nun, was mir passieren kann, wenn ich mich in meinen Äußerungen nicht etwas mehr zurückhalte.

Im Frühjahr 1987 meldete ich unsere Tochter Isabel für das Kinderferienlager vom FDGB- Feriendienst an. Bei der Anmeldung fragte mich die Vorsitzende der BGL, ob ich nicht Interesse hätte, als Gruppenleiter mitzufahren. Sie kannte meine Arbeit als Vorsitzender vom Elternaktiv unserer Tochter Michaela und meinte, ich hätte das Zeug dazu. „Jedes Jahr werden Helfer zur Betreuung der Kinder gesucht." Am Abend besprach ich das mit meiner Familie und unsere Tochter Isabel war von dem Vorschlag sofort begeistert. Am nächsten Tag meldete ich mich an und bekam einen Termin zu einem Lehrgang für Gruppenleiter von Kinderferienlagern. Wenige Tage später fuhr ich nach Marienberg, wo der Lehrgang stattfand. Nach einer Woche erhielt ich den Berechtigungsnachweis, als Gruppenleiter für Kinderferienlager tätig sein zu dürfen (Bild 055).

Im Juli 1987 fuhr ich mit 8- bis 13-jährigen Kindern aus Oberwiesenthal mit dem betriebseigenen Bus in das Kinderferienlager nach Petzow am Schwielowsee bei Potsdam. Das Objekt war ein Schloss, im Schinkelbaustil errichtet, mit einem großen Badestrand.

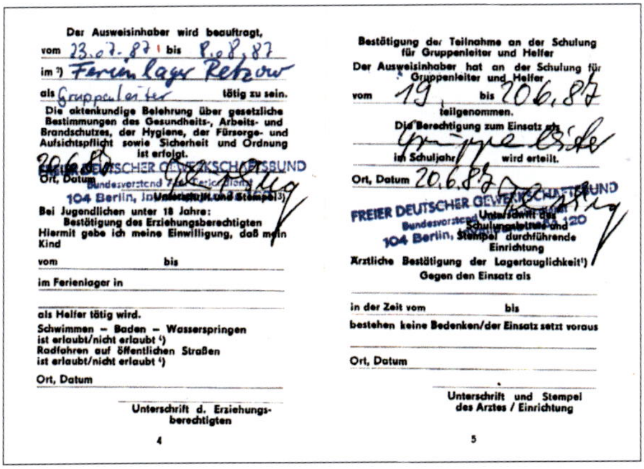

Der Ausweisinhaber wird beauftragt,
vom 23.07.87 bis 8.08.87
im [2]) Ferienlager Retzow
als Gruppenleiter tätig zu sein.
Die aktenkundige Belehrung über gesetzliche Bestimmungen des Gesundheits-, Arbeits- und Brandschutzes, der Hygiene, der Fürsorge- und Aufsichtspflicht sowie Sicherheit und Ordnung ist erfolgt.
20.6.87
Ort, Datum
FREIER DEUTSCHER GEWERKSCHAFTSBUND
Bundesvorstand
104 Berlin,
Unterschrift und Stempel [3])

Bei Jugendlichen unter 18 Jahre:
Bestätigung des Erziehungsberechtigten
Hiermit gebe ich meine Einwilligung, daß mein Kind
vom bis
im Ferienlager in
als Helfer tätig wird.
Schwimmen – Baden – Wasserspringen
ist erlaubt/nicht erlaubt [4])
Radfahren auf öffentlichen Straßen
ist erlaubt/nicht erlaubt [4])
Ort, Datum
Unterschrift d. Erziehungsberechtigten

4

Bestätigung der Teilnahme an der Schulung für Gruppenleiter und Helfer
Der Ausweisinhaber hat an der Schulung für Gruppenleiter und Helfer
vom 19. bis 20.6.87
teilgenommen.
Die Berechtigung zum Einsatz als
Gruppenleiter
im Schuljahr wird erteilt.
Ort, Datum 20.6.87
FREIER DEUTSCHER GEWERKSCHAFTSBUND
Bundesvorstand
104 Berlin,
Unterschrift des Schulungsleiters und Stempel durchführende Einrichtung

Ärztliche Bestätigung der Lagertauglichkeit[1])
Gegen den Einsatz als
in der Zeit vom bis
bestehen keine Bedenken/der Einsatz setzt voraus
Ort, Datum
Unterschrift und Stempel des Arztes / Einrichtung

5

Bild 055

Bild 056/*Das Objekt wurde über das ganze Jahr als Schulungsobjekt vom FDGB und in den Sommerferien als Ferienlager für die Kinder der Mitarbeiter genutzt.*

Überwiegend wurde es als Schulungsobjekt vom Freien Deutschen Gewerkschaftsbund genutzt. Nach unserer Anreise empfing uns der Leiter des Kinderferienlagers. Uns Gruppenleitern wurden je 8 Kinder zugeteilt. Jede Gruppe bestand aus 4 Mädchen und 4 Jungen. Jeden Abend um 21:00 Uhr, nachdem alle Kinder im Bett lagen, trafen wir uns zu Besprechungen und Vorbereitungen für den nächsten Tag. Nach kurzer Zeit hatten einige Gruppenleiterinnen mit manchen Jungs Probleme und baten mich, diese im Austausch mit Mädchen zu übernehmen. Ich hatte keine Probleme damit und ging mit der Genehmigung des Lagerleiters auf die Bitte ein. Nach wenigen Tagen bestand meine Gruppe aus 8 Jungs. Es machte mir Spaß und die Jungs hatte ich durch meine spielerische Art bald auf meiner Seite. Die 16 Tage vergingen wie im Flug, obwohl ich ganz schön geschafft war. Bei der Abreise fragte mich der Lagerleiter, ob ich nächstes Jahr wieder mitmachen würde. Meine Antwort war klar und deutlich ein Ja.

Wie jedes Jahr führte auch im Dezember 1987 der FDGB-Bundesvorstand in unserem Ferienheim seine Weihnachtsfeier durch. Ich erhielt vom Objektleiter einen Anruf und sollte mich sofort in seinem Büro einfinden. Als ich das Büro des Objektleiters betrat, begrüßte mich eine Frau vom Bundesvorstand. Sie war die Vorsitzende für Kinderferienlager von FDGB-Mitarbeitern der DDR. Sie gratulierte mir zu der hervorragenden Arbeit im Kinderferienlager. Ich war überrascht und wollte wissen, woher sie diese Information habe. Sie schilderte, dass im Objekt des Kinderferienlagers das ganze Jahr über die Mitarbeiter der Küche und der Objektleiter anwesend sind und sie über meine Tätigkeit als Gruppenleiter unterrichtet hatten. Ich erwiderte nur, dass ich es als ganz normal ansehe, Kinder nach dem schulischen Alltag im spielerischen und sportlichen Bereich auf ein neues Schuljahr vorzubereiten. Die Frau schlug unserer Objektleitung vor, mich als Lagerleiter für Kinderferienlager ausbilden zu lassen. Ich war schockiert und antwortete sofort mit: „Nein, das schaffe ich nicht." Der Objektleiter, die BGL-Vorsitzende und die Frau vom Bundesvorstand gaben mir 14 Tage Bedenkzeit mit der Bitte, dass ich mir das reichlich überlegen solle. Alle drei sprachen mir Mut zu und hofften auf eine positive Antwort.

In den nächsten 14 Tagen diskutierte ich oft mit meiner Frau darüber. Ich überlegte mir, was ich anders machen würde als der Lagerleiter im letzten Kinderferienlager. In den ersten Tagen meiner Überlegungen konnte ich nichts Negatives finden. Dann schoss mir ein Gedanke in den Kopf. Im letzten

Kinderferienlager hatte der Lagerleiter abends bei den Beratungen immer gefragt: „Was macht ihr am nächsten Tag?“ Er selber hatte leider kaum Vorschläge. Ich dachte mir, du machst dir im Vorfeld Gedanken, welche Möglichkeiten es gibt, Kinder bei schönem oder schlechtem Wetter zu beschäftigen. Gesagt, getan, machte ich mir einen schriftlichen Plan über die verschiedensten Möglichkeiten. Baden war eh immer eine Möglichkeit, da das Objekt einen eigenen Badestrand hatte. Nach 14 Tagen sagte ich dem Objektleiter zu und er meldete mich zu einem Lehrgang an.

Vom 2. bis 13. Mai 1988 wurde in Mittweida der Lehrgang für Lagerleiter von Kinderferienlagern durchgeführt. Als ich dort ankam, waren rund 50 Personen anwesend, die für den Einsatz als Leiter von Kinderferienlagern der DDR geschult werden sollten. Wir wurden in 5 Gruppen aufgeteilt und es dauerte gar nicht lange, bis es zur ersten Zusammenkunft unserer Gruppe kam. Jeder Einzelne musste sich vorstellen: Alter, Herkunft, berufliche Tätigkeit und seine Vorstellung von dieser verantwortungsvollen Aufgabe. Schon bald fiel ich negativ auf. Die Schulung begann mit einem Vortrag über die Pionierarbeit. Diesen hielt eine Frau aus dem Pionierfreizeitpark Karl-Marx-Stadt. Ich meldete mich und vertrat die Meinung, dass es im Kinderferienlager doch in erster Linie um eine Freizeitgestaltung bei Sport und Spiel gehen solle. Pionierarbeit werde in der schulischen Pioniergruppe durchgeführt. Alle Anwesenden schwiegen. Nach dem Abendessen saßen wir in verschiedenen Gruppen zusammen und tauschten uns aus. Ich musste erfahren, dass ich und zwei weitere Teilnehmer nur Arbeiter waren. Alle anderen waren Intellektuelle oder hatten sogar akademische Titel. Einer sprach mich an, ob ich Genosse sei. Meine Antwort darauf war: „Muss ich Genosse sein, um Sport und Spiel für Kinder zu organisieren?“ Seine Erwiderung darauf war: „Dass man dich für so etwas zulässt, ist nicht nachzuvollziehen.“ Insgesamt verlief der Lehrgang für meine Begriffe sehr ordentlich. Am Ende dieser zwei Wochen erhielt ich den Berechtigungsnachweis zum Leiten von Ferienlagern und freute mich auf die zu erwartende Aufgabe (Bild 057+058).

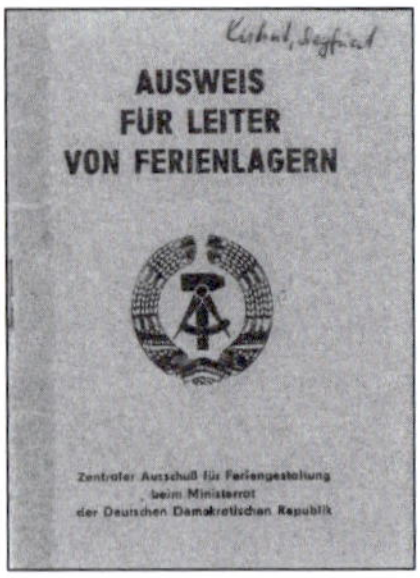

Bild 057

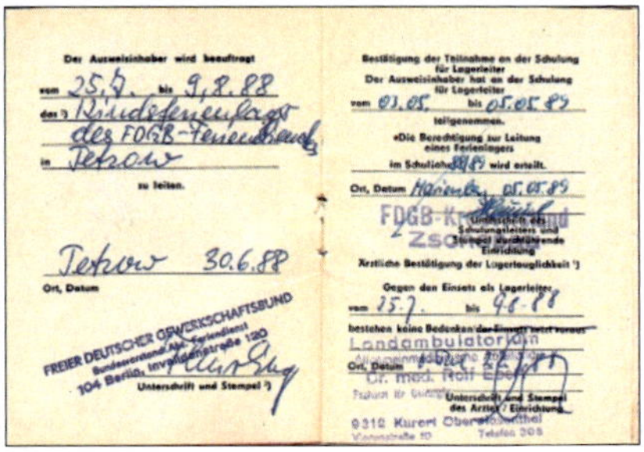

Der Ausweisinhaber wird beauftragt
vom 25.7. bis 9.8.88
das Bundesferienlager
des FDGB-Feriendienst
in Petzow
zu leiten.

Petzow 30.6.88
Ort, Datum

FREIER DEUTSCHER GEWERKSCHAFTSBUND
104 Berlin, Invalidenstraße 120
Unterschrift und Stempel

Bestätigung der Teilnahme an der Schulung für Lagerleiter
Der Ausweisinhaber hat an der Schulung für Lagerleiter
vom 03.05. bis 05.05.89
teilgenommen.
»Die Berechtigung zur Leitung eines Ferienlagers
im Schuljahr 88/89 wird erteilt.
Ort, Datum 05.05.89
FDGB-Kreisvorstand
Unterschrift des Schulungsleiters und Stempel durchführende Einrichtung

Ärztliche Bestätigung der Lagertauglichkeit
Gegen den Einsatz als Lagerleiter
vom 25.7. bis 9.8.88
bestehen keine Bedenken
Landambulatorium
Ort, Datum
Dr. med. Rolf
Unterschrift und Stempel des Arztes / Einrichtung
9312 Kurort Oberwiesenthal
Telefon 305

Bild 058

Am 28. Juni 1988 fuhr ich nach Petzow, wo ich durch die Frau vom Bundesvorstand die Einweisung für das Ferienlager erhielt. Es waren auch alle mir zugeordneten Gruppenleiter und der Rettungsschwimmer anwesend. Dadurch lernten wir uns im Vorfeld kennen und ich wusste, mit wem ich das Ferienlager zusammen absolvieren werde. Nachdem diese Frau mich vorgestellt hatte, schilderte ich meine Überlegungen für die Tage vom 25.07. bis 09.08.1988. Im Anschluss kam sie zu mir, bot mir das Du an und sagte: „Ich wusste, dass du der richtige Mann bist."

Am 23. Juli 1988 fuhr ich mit meinem Trabant nach Petzow, um die Übergabe von dem zu Ende gehenden 1. Ferienlager 1988 mit vorzunehmen.

Am 25. Juli gegen Nachmittag trafen nach und nach die Kinder aus den verschiedenen Städten der DDR in Petzow ein. Zuvor bekamen die schon angereisten Gruppenleiter von mir ihre Listen, welche Kinder ich ihnen zugeteilt hatte. Als die anreisenden Kinder aus ihren Fahrzeugen ausstiegen, sah ich ihnen ihre Aufregung an. Ich empfahl den Gruppenleitern, die Kinder erst einmal 15 Minuten zur Ruhe kommen zu lassen. Danach begrüßte jeder Gruppenleiter seine Kinder und begleitete sie auf ihre Zimmer. 4 Kinder wurden immer in einem Zimmer untergebracht. Nachdem am ersten Abend alle Kinder um 21:00 Uhr ins Bett gegangen waren, lud ich die Gruppenleiter und den Rettungsschwimmer zu einer Beratung ein. Ich erklärte allen, worauf es ankommt, um eine erfolgreiche Zeit mit den Kindern verbringen zu können. Es war mir wichtig, dass wir uns jeden Abend um

21:00 Uhr treffen, um den Tag auszuwerten und Vorstellungen für den nächsten Tag zu diskutieren. Auch habe ich allen zugesichert, dass bei einem erfolgreichen Tagesabschluss jeden Tag zwei Gruppenleiter und alle 4 Tage der Rettungsschwimmer ab 21:00 Uhr unbegrenzten Ausgang bekommen. Wichtig war, dass diese am nächsten Tag pünktlich 07:00 Uhr voll einsatzfähig waren. Ich war sehr stolz auf die Einhaltung aller Regelungen und darauf, dass niemand mein Vertrauen missbraucht hatte.

Jetzt möchte ich einmal einige Dinge aufführen, die wir mit den Kindern in den 15 Tagen durchgeführt haben: Besichtigung des Schlosses Sanssouci in Potsdam, Ausfahrt nach Berlin in den Tierpark, Stadtbummel in Werder, Nachtwanderung mit anschließendem Lagerfeuer, Diskotheken im Objekt, Geländespiele, Fußballturnier mit einem internationalen Nachbarferienlager, ebenso mit diesen ausländischen Kindern ein Neptunfest und eine sportliche Lagermeisterschaft. Natürlich kam bei schönem Wetter das Baden nicht zu kurz und bei schlechtem Wetter fanden Bastelnachmittage statt (Bild 059). Für jedes Kind bekam ich vom FDGB-Bundesvorstand Geld zugewiesen, das sinnvoll eingesetzt werden musste. Am Ende des Lagers musste ich die entsprechenden Belege vorlegen und nachweisen, alles bis auf den letzten Pfennig zum Wohle der Kinder ausgegeben zu haben.

Bild 059

Da ich in den verschiedensten Bereichen im Ferienheim gesellschaftlich tätig war, hatte ich die Möglichkeit, eine Fotoausrüstung mitzunehmen. Aus dem Bereich Kultur habe ich eine Diskoanlage mitgenommen. Im Keller des Objektes in Petzow befand sich ein Raum mit einer Badewanne, der kein Fenster hatte. Diesen Raum richtete ich als Fotolabor ein. Hier entwickelte ich abends die Fotos, welche ich am Tag über gemacht hatte. An den Bastelnachmittagen haben sich die Kinder aus Velourspapier ein Fotoalbum gebastelt, in das jeden Morgen die Bilder vom Vortag eingeklebt wurden. Dadurch konnten einige Kinder ein fertiges Fotoalbum mit nach Hause nehmen. Im gesamten Gebiet Werder war es auf Grund starker Trockenheit verboten, Lagerfeuer zu entfachen. Ich begab mich nach Werder zur Berufsfeuerwehr, legte meinen Dienstausweis als Wehrleiter vor und bekam die Genehmigung für ein Lagerfeuer. Natürlich musste ich schriftlich versichern, die entsprechenden Brandschutzrichtlinien einzuhalten. Beim Kraftverkehr in Werder bestellte ich für Ausfahrten zu den entsprechenden Terminen einen Bus. Es war eine überaus tolle Zeit, die für mich sehr anstrengend, aber auch erlebnisreich war. Für den größeren Teil der erfolgreichen Arbeit mit den Kindern ging das Dankeschön an die Gruppenleiter. Sie hatten Tag für Tag die Hauptaufgabe, mit den Kindern die Freizeit zu verbringen. Dadurch hatte ich die Zeit, bestimmte Dinge vorzubereiten und zu organisieren. Mein Tag begann immer morgens um 05:30 Uhr mit einer halben Stunde Schwimmen im See und endete abends immer gegen 24:00 Uhr, nachdem alle im Bett lagen und ich meinen letzten Rundgang absolviert hatte. Am 9. August gab es um 9:00 Uhr einen Abschlussappell, wo sich alle voneinander verabschiedeten. Erfreulich war, dass ich zu Weihnachten von einigen Kindern eine Weihnachtskarte erhielt. Das war der beste Beweis, alles richtig gemacht zu haben.

Wie schon im Jahr zuvor führte auch 1988 der Bundesvorstand des FDGB seine Weihnachtsfeier wieder im FDGB-Ferienheim „Am Fichtelberg“ durch. Wieder wurde ich in das Büro des Objektleiters gerufen. Als ich eintrat, stand die Vorsitzende für Kinderferienlager vom FDGB-Bundesvorstand im Zimmer. Wir begrüßten uns herzlichst und sie dankte mir wie im Vorjahr als Gruppenleiter für meine Leistung als Lagerleiter in diesem Jahr. Als Dankeschön bekam ich einen großen Nussknacker mit der Bitte, im nächsten Jahr wieder als Lagerleiter zur Verfügung zu stehen. „Sehr selten wiederholen Lagerleiter diese Funktion, da alle sagen, dass es sehr anstrengend ist.“ Weiter sicherte sie mir zu, dass sowohl die Gruppenleiter als auch der Rettungsschwimmer sich geäußert hätten, dass sie alle nur mit mir wieder ein Kinderferienlager durchführen würden. Ich freute mich über die Entscheidung der Gruppenleiter und des Rettungsschwimmers und sicherte ihr zu, mich wieder voll der Aufgabe zu widmen.

Bild 060

Gesagt, getan, kam das Jahr 1989. Bereits im Februar hatte für mich die Arbeit mit den Vorbereitungen bis hin zur Umsetzung begonnen. Im Sommer während der Zeit des Kinderferienlagers spürte ich wegen der politischen Ereignisse in der DDR schon die Anspannung unter den Gruppenleitern und dem Personal im Objekt. Ich möchte keine weiteren Details über die Zeit mit den Kindern ausführen. Im Prinzip lief das Kinderferienlager genauso ab wie im Vorjahr. Es war ein sehr schönes zweites Ferienlager für mich als Lagerleiter und auch für die Kinder, zugleich aber auf Grund der politischen Wende 1989 das letzte.

Mit dem Ausgang der Volkskammerwahlen im Frühjahr 1989 spitzte sich die politische Lage zum Herbst hin weiter zu. Ich musste überlegen, wie bei einem Zusammenbruch der DDR mein berufliches Leben weitergeht. Mir blieb nicht verborgen, dass man schon im Oktober 1989 weitere Planungen gemacht hatte, wer einmal meine Tätigkeit als Aufzugsmonteur im Ferienheim in Kurort Oberwiesenthal übernimmt. In den 15 Jahren der beruflichen und gesellschaftlichen Tätigkeit erhielt ich dreimal den Titel „Aktivist der sozialistischen Arbeit". Diese Ehrung erfolgte immer am Vorabend des 1. Mai und war mit 300 Mark der DDR verbunden (Bild 060).

KAPITEL 8

Die Erlebnisse zur Wendezeit

Nachdem am 9. November 1989 die Grenzen geöffnet worden waren und die BRD-Regierung jedem DDR-Bürger 100 DM Begrüßungsgeld versprochen hatte, fuhren mein Schwiegervater mit seinem Dacia und ich mit meinem Trabant am 13. November frühmorgens 5:00 Uhr über Klingenthal in Richtung Rehau, Münchberg nach Helmbrechts. Unsere Fahrzeuge waren mit je 5 Personen aus dem Familienkreis besetzt. Weit vor der Grenze mussten wir uns in eine Schlange von PKWs einreihen. In meinem Auto herrschte eine gespenstige Stille. Unsere Kinder sowie meine Nichte schliefen. Soweit das Auge blicken konnte, waren Rücklichter zu sehen. Als das Tageslicht anbrach, kamen wir dem Grenzübergang immer näher. Hundegebell bereitete mir etwas Angst, da ich nicht wusste, was uns erwartete. Am Grenzübergang angekommen, wurden wir von freundlichen Grenzsoldaten beider Seiten reibungslos durchgewunken. Im ersten Ort, den wir erreicht hatten, hielten wir auf einer freien Fläche an, stiegen aus und freuten uns, im Westen zu sein. Ein Bürger in bayerischer Tracht kam auf uns zu und beschimpfte uns mit den Worten „Macht euch mit euren stinkenden Autos zurück in den Osten.“ Wir konnten das nicht fassen, stiegen in unsere Autos und fuhren weiter. Meine Frau und ich haben uns dann darüber unterhalten in der Hoffnung, dass es das einzige negative Erlebnis bleibt. In Helmbrechts angekommen, suchten wir das Rathaus auf, um unser Begrüßungsgeld abzuholen. Von da an lernten wir nur noch freundliche Menschen kennen. Mit unserem Begrüßungsgeld gingen wir nun durch die Straßen und bestaunten zunächst erstmal die Schaufenster. Es war überwältigend, was für ein Angebot von Waren uns präsentiert wurde. Eine ältere Dame sprach uns an und fragte: „Kommt ihr aus dem Osten?" Mit leiser Stimme antwortete ich: „Ja, aus Kurort Oberwiesenthal, in Sachsen." Sie sagte: „Wartet einmal hier, ich bin gleich wieder da." Zuerst ging sie in einen Bäckerladen und holte Brötchen, nebenan bei einem Metzger noch Wurst. Nun sagte sie: „Kommen Sie bitte alle mit, ich lade Sie zu einem Frühstück ein." Es war Frau Gehre, die uns mit in ihre Wohnung nahm. Sie stellte uns ihren Mann vor und er freute sich, Bürgern aus der DDR etwas Gutes anbieten zu können. Wir waren immerhin 7 Erwachsene und 3 Kinder und waren beeindruckt von der Gastfreundschaft dieser Frau mit ihrem Mann. Beim Frühstück kamen wir ins Gespräch. Sie wollten wissen, wie das so im Osten war und was wir uns in der Zukunft von der Bundesrepublik vorstellen. Meine Schwiegermutter stellte mich vor und erklärte, dass ich in Oberwiesenthal ein Aktivposten vor der Grenzöffnung gewesen war. Nun musste ich erzählen, wie das zustande gekommen war. Es waren beeindruckende Momente, solche Bundesbürger kennen zu lernen. Wir blieben noch viele Jahre in Verbindung und besuchten das Ehepaar noch oft. Nachdem Frühstück fuhren wir weiter nach Kulmbach. Wir überlegten uns, was wir kaufen wollen. Vor einem ALDI blieben wir stehen und entschieden uns, Lebensmittel einzukaufen, welche es in der DDR nicht gab. Der Einkaufswagen war bis zum Rand voll mit Lebensmitteln. An der Kasse waren wir überrascht. Nicht einmal 50 DM haben wir bezahlt. Am späten Nachmittag traten wir die Rückreise an. Wir fuhren durch den kleinen Ort, Neudorf in Oberfranken. Auf einmal machte mein Trabant schlapp. Keine Leistung mehr und starke Geräusche im Motorraum. Ich schaute nach und musste feststellen, dass die Zylinderkopfdichtung defekt war. Nun galt es, eine Werkstatt aufzusuchen. Als ich eine Kfz-Werkstatt entdeckt hatte, fuhren wir auf den Hof und ich suchte einen Monteur. Der Besitzer kam auf mich zu und fragte nach meinem Problem. Ich erklärte ihm, dass meine Zylinderkopfdichtung defekt ist. „Da kann ich Ihnen leider nicht helfen", war seine Antwort. Ich fragte ihn, ob er dünnes Aluminiumblech habe. Er suchte und brachte welches. Nun brauchte ich noch eine Blechschere und ein Locheisen, um eine Dichtung anzufertigen. Als ich den Motorraum öffnete, verfiel der Meister vor Staunen in ein lautes Gelächter. Das ist der Motor? Ich bejahte und bat noch um einen 19er-Steckschlüssel. Nachdem er mir das Werkzeug gebracht hatte, schraubte ich den Zylinderkopf ab. Nach dem Maß der defekten Dichtung fertigte ich mir aus dem Aluminiumblech eine neue. Die zugeschnittene Dichtung brachte ich auf den Zylinder und schraubte alles wiederzusammen. Nun startete ich den Motor und mein Trabant war wieder fahrbereit. Als ich den Meister nach den Kosten fragte, meinte er: „Ich verlange nichts, Sie haben mir eine Lehrstunde erteilt, wie man sich bei einem Trabant bei so einer Störung selber helfen kann." Wir traten die Heimreise an und waren am 14. November frühmorgens um 3:00 Uhr wieder zu Hause. Diese Ausfahrt war ein bleibendes positives Erlebnis.

Am Freitag vor dem 2. Advent 1989 begab ich mich mit meiner Familie auf die nächste große Fahrt in den Westen, nach Bockeroth-Königswinter, um meine Schwester Hannelore zu besuchen. Von meinem Schwager hatte ich per Post die Reiseroute zugeschickt bekommen. Da ich ja nicht wusste, ob man im Westen Benzingemisch tanken konnte, hatte ich zwei Kanister mit je 20 Liter Benzingemisch in den Kofferraum eingeladen. Wir holten am Freitagmittag unsere Kinder von der Schule ab und die Reise begann. Unsere Fahrt führte über Hof, da wir erfahren hatten, dass es in Bayern ein zweites Begrüßungsgeld von 50 DM pro Person gab. Kurz nach 18:00 Uhr waren wir in Hof am Rathaus und mussten einsehen, wir sind zu spät. Das Rathaus hatte um 18:00 Uhr geschlossen. Das hat unsere Reise auf keinen Fall getrübt. Nach dem Plan von meinem Schwager ging es per Landstraße weiter in Richtung Coburg. Hier überraschte uns ein derart starker Nebel, dass wir nicht wussten, wie es weitergeht. Am Bahnhof hielten wir an und machten aus unserem mitgenommenen Essen ein kleines Abendbrot. Es dauerte gar nicht lange, da hielt hinter uns ein Mercedes an und schaltete die Warnblinkanlage ein. Wir verhielten uns ganz ruhig. Der Fahrer stieg aus, kam auf den Trabant zu und klopfte an die Scheibe. Ich kurbelte die Seitenscheibe runter und er begrüßte uns: „Grüß Gott." „Wo wollen Sie denn hin?", fragte er. Ich antwortete: „Nach Königswinter." Er schlug die Hände über dem Kopf zusammen und meinte: „Um Gottes Willen, wissen Sie denn, wie weit das noch ist?" – „Ja", erwiderte ich. Er ging zurück zu seinem Auto und ließ seine Frau mit aussteigen. Beide kamen mit den Händen voller Süßigkeiten zurück, die sie unseren Kindern übergaben. Der Mann bat mich auszusteigen. Er breitete auf der Motorhaube eine Autokarte aus und schilderte, wie ich weiterfahren sollte. Nachdem wir uns bei ihm bedankt hatten, setzten wir unsere Reise fort. Wir mussten die A 7 in Richtung Würzburg nutzen, dort auf die A 3 in Richtung Köln und auf dieser Autobahn konnten wir durchfahren bis zur Abfahrt Siebengebirge. Gesagt, getan. Gegen 24.00 Uhr kamen wir auf der A 3 zum Frankfurter Kreuz. Zuvor hatte ich auf einem Parkplatz angehalten und den zweiten Kanister Benzingemisch in den Tank gefüllt. Die Autobahn war so hell erleuchtet, wie wir es als DDR-Bürger gar nicht kannten. Unsere Kinder konnten kein Auge mehr zumachen, da auf dieser Autobahn ein so dichter LKW-Verkehr herrschte, dass mir schon manchmal der Atem zum Stocken kam. Permanent gaben die LKWs Lichthupe. Ich wusste nicht, was ich verkehrt machte. Später habe ich von meinem Schwager erfahren, dass die LKW-Fahrer Lichthupe geben, wenn der Überholvorgang eines LKWs abgeschlossen ist, so dass sich der schnellere LKW wieder einreihen kann. Manchmal dachte ich, ich bin auf der verkehrten Autobahn, obwohl ich immer auf die Beschilderung in Richtung Köln geachtet hatte. Meine Frau meinte einmal, wir sind verkehrt. Rechts neben der Leitplanke war auch eine Autobahn, wo die Beschilderung in Richtung Köln angezeigt wurde. Ich musste in der Spur bleiben und wartete, bis ein Parkplatz kam, auf dem ich mich neu orientieren konnte. Plötzlich kamen die Beschilderungen, dass ich auf der richtigen Autobahn war. Schon bald merkte ich, dass die Autobahn rechts neben mir der Zubringer aus Frankfurt war. Gegen 3:00 Uhr hatten wir die Abfahrt Siebengebirge erreicht und alle waren heilfroh, von der Autobahn abfahren zu können. Auf einem kleinen Parkplatz standen Jugendliche mit ihren Motorrädern. Ich hielt an und fragte nach dem Weg zu der Adresse, die ich ihnen zeigte. Bevor sie antworteten, bestaunten sie den Trabant. Einer meinte: „So ein Auto habe ich noch nie gesehen." Alle erklärten sich bereit, uns zu dieser Adresse zu bringen. 4 Motorräder bildeten eine Eskorte und wir waren richtig happy. Bei meiner Schwester angekommen, bedankte ich mich bei den Jugendlichen und klingelte meine Schwester aus dem Bett. Sie rief ihren Mann und sagte: „Hans, fahr gleich dein Auto aus der Tiefgarage und lass Siegfried mit dem Trabant reinfahren." Mir war es peinlich. Am Morgen beim Frühstück stellte ich die Frage, warum wir denn in die Tiefgarage fahren mussten. „Es muss hier nicht jeder Nachbar sehen, dass ihr mit einem Trabant gekommen seid." Sie wohnten in einem Viertel von Bediensteten der Bundesregierung. Am Nachmittag fuhren wir mit meinem Schwager und seinem Sohn Christian in zwei Autos auf den Bonner Weihnachtsmarkt. In Bonn angekommen, öffnete meine Schwester ein Tor zu einer Tiefgarage und beide Autos wurden in der Tiefgarage abgestellt. Meine Schwester klärte mich auf: „Wir sind hier in der Tiefgarage der Kultusministerkonferenz." Ich konnte das gar nicht glauben und meinte: „Dürft ihr denn so einfach mit fremden Bürgern hier reinfahren?" – „Ja, warum denn nicht, ihr seid doch Familienangehörige, es ist die Tiefgarage der Mitarbeiter." Ich stellte mir das in der DDR vor und sagte: „So etwas wäre in der DDR nie möglich gewesen." Nach einem Rundgang auf dem Weihnachtsmarkt standen mir die Tränen in den Augen. Meine Schwester bemerkte das und fragte, was mit mir los sei. Ich antwortete: „Das werden wir wohl im Osten nie erleben." – „Keine Angst", sagte mein Schwager, „das geht schneller, als du denkst." Am Sonntag traten wir die Heimreise an, da ja unsere Kinder am Montag wieder in die Schule mussten. Die Heimfahrt verlief reibungslos und ohne Probleme.

Mitte Dezember 1989 kam ein Bürger aus unserer Nachbarschaft zu mir, um mich zu informieren, dass abends aus dem Gästehaus der SED-Bezirksleitung Karl-Marx-Stadt auf der Bergstraße Gegenstände herausgetragen und auf einen LKW verladen werden. Er meinte, dass ja am Vorabend in der „Aktuellen Kamera“ vom Nachrichtensprecher Klaus Feldmann darum gebeten worden war, Meldungen bei der Staatsanwaltschaft zu machen, wenn so etwas beobachtet wird. Ich antwortete ihm, dass ich das auch gesehen habe und umgehend unsere Mitglieder vom Neuen Forum darüber informiere. Am nächsten Tag fuhr ich sofort mit meinem Trabant nach Annaberg-Buchholz zur Staatsanwaltschaft. Im Sekretariat der Staatsanwältin bat ich die Sachbearbeiterin darum, die Staatsanwältin sprechen zu dürfen. Sie fragte nach dem Grund. Ich antwortete: „Ich möchte eine Anzeige gegen die SED machen.“ Sie war erschrocken, stand auf und ging in ein Nebenzimmer. Kurz darauf wurde ich gebeten einzutreten. Auch hier stellte ich mich vor und wiederholte mein Anliegen. Die Staatsanwältin nahm alles auf und sagte: „Gut, wir gehen der Sache nach.“ Damit gab ich mich nicht zufrieden. Ich erklärte nochmals die Worte von Klaus Feldmann, dass unverzüglich der Sache nachgegangen werden müsse. Sie griff zum Telefon und kurz darauf betraten drei Herren der Kriminalpolizei das Zimmer. Nachdem die Staatsanwältin mich vorgestellt hatte, gab sie den Herren eine kurze Erklärung. Einer dieser Herren stellte sich als Oberleutnant vor und meinte: „Gott sei Dank hat jemand den Mut, etwas zu unternehmen.“ Gemeinsam mit der Staatsanwältin fuhren die drei Männer mir in einem Moskwitsch nach. In Oberwiesenthal angekommen, machten wir vor dem Objekt der SED-Bezirksleitung auf der Bergstraße halt. Zwei Kollegen vom Neuen Forum warteten schon auf uns. Es waren Klaus Ullmann und Lars Mühlig. Als die Staatsanwältin klingelte, stand der Hausmeister in der Tür. Sie stellte uns alle vor und sagte: „Herr Kuhnt vom Neuen Forum hat Anzeige erstattet, dass hier Gegenstände verschwinden.“ Der Hausmeister verneinte das und wollte die Tür wieder schließen. Ein Kriminalbeamter stellte den Fuß in die Tür, schob den Herrn beiseite und sagte: „Sie wissen wohl nicht, wem Sie die Tür zuschlagen wollten?“ Beim Rundgang wurde festgestellt, dass in den Schrankwänden jede Menge blasse Flecken waren, wo vermutlich Gegenstände gestanden hatten. Es wurde eine kurze Bestandsaufnahme von beweglichen Gütern gemacht, der

Hausmeister musste das Objekt verlassen, denn dieses wurde im Anschluss versiegelt. Die Staatsanwältin und die Kriminalbeamten bedankten sich bei uns und wollten wieder zurück nach Annaberg-Buchholz fahren. Klaus Ullmann sagte kurz: „Stopp. Es gibt weitaus wichtigere Objekte als das, wo wir gerade sind." Der Oberleutnant wollte aufgeklärt werden, um welche Objekte es sich handele. Klaus zählte auf: „Gegenüber von uns befindet sich das Gästehaus vom Rat des Bezirkes." Hier wohnte oft Egon Krenz. Das Haus hatte in Oberwiesenthal den Spitznamen „Krenzbaude". Weitere Objekte waren das Ferienheim des MfS „Dr. Richard Sorge", ein Jagdschloss von Erich Mielke und nicht zuletzt der Bungalow von Schalk Golodkowski. Jetzt bemerkten wir, wie heiß die drei Kriminalbeamten darauf waren, zumal zu dieser Zeit Schalk Golodkowski untergetaucht war. Wir suchten ein Objekt nach dem anderen auf und überall lief das gleiche Prozedere ab. Spannend wurde es im Jagdschloss von Mielke. Der Hausmeister wollte trotz der Vorstellung der drei Kriminalbeamten und der Staatsanwältin die Tür nicht öffnen. Der Oberleutnant nahm sich den Herrn zur Brust und erklärte ihm mit kurzen Worten, was ihm passiert, wenn er nicht sofort die Tür öffnet. Wir konnten unseren Augen nicht trauen, was wir hier an Ausstattung, Getränken und Technik zu sehen bekamen.

Im Gastraum standen an einer Bar zwei Schaukelstühle, überzogen mit Tierfellen. Die Staatsanwältin setzte sich in einen dieser Stühle und sagte: „Und das wurde sicher alles mit meinen Mitgliedsbeiträgen finanziert." Hinter der Bar befand sich eine mit Holz vertäfelte Wand. Ein Kriminalbeamter bemerkte einen geschickt angebrachten, schlecht erkennbaren Türknopf. Er sprach den Hausmeister an, was das für ein Knauf sei. Dieser antwortete: „Nichts von Bedeutung." – „Wenn das eine Tür ist, machen Sie diese sofort auf." Der Hausmeister öffnete die Tür. In diesem Raum befanden sich 3 große Kühlschränke, ca. 1,80 Meter hoch. Die Kriminalbeamten öffneten alle Türen und kamen aus dem Staunen nicht raus: einer voll mit Sekt und Champagner, ein weiterer voll mit klaren Schnäpsen und ein dritter mit Meißner Weinen. Ein Kriminalbeamter meinte: „Die Weine übersehen wir mal, da sie aus der DDR sind." Lars Mühlig, er war gelernter Kellner, klärte die Kriminalbeamten auf: „Das sind die teuersten Weine, die in der DDR hergestellt wurden und ausschließlich für den Export bestimmt waren." Das Objekt hatte 4 Appartements mit je zwei Betten und 8 Einzelzimmern. Beheizt wurde das Objekt elektrisch. Im Keller befand sich ein Wellnessbereich mit einer kupfernen Badewanne. Erschrocken waren wir, als wir auf den Boden kamen. Dort entdeckten wir eine Satellitenanlage mit vielen technischen Gerätschaften, mit denen keiner von uns etwas anfangen konnte. Außerhalb dieses Hauses befanden sich geflieste und beheizte Hundezwinger. In einem in der Erde befindlichen Bunker war ein Düsenaggregat zur Gewinnung von Notstrom installiert. Später erfuhr ich im Untersuchungsausschuss, worüber ich im Einzelnen noch berichten werde, dass das Objekt von Erich Mielke ein Geschenk vom SED-Kreisvorsitzenden gewesen war (Bild 061). Nachdem wir die Öffnung aller Objekte erreicht hatten, sagte Klaus Ullmann: „Da hinten im Wald, wo der Schornstein raucht, das ist der Bungalow von Schalk Golodkowski." Jetzt waren die Kriminalbeamten richtig heiß. Es lag ein wenig Schnee und die Kriminalisten schlichen sich durch den Wald, wir gemeinsam mit der Staatsanwältin auf Abstand hinterher. Kurz vor dem Bungalow mussten wir zurückbleiben. Die Kriminalisten zogen ihre Pistole und gingen versetzt auf die Tür zu. Nach Information von Klaus hatten die Beamten zuvor im FEWA-Ferienheim den Schlüssel zu diesem Bungalow geholt. Sie öffneten die Tür und gaben kurz danach Entwarnung. Wir konnten rein und mussten feststellen, dass die Sauna in Betrieb war. Diese konnte per Funk eingeschaltet werden. Wir waren alle der Meinung, wenn man gerufen hätte „Westen raus", hätte sich der Bungalow aufgelöst. Am Ende des Tages, es war so gegen 18:00 Uhr, bedankten sich die dreiKriminalbeamten und die Staatsanwältin für unseren Mut und wünschte uns, weiter dranzubleiben, und wenn es neue Erkenntnisse gibt, sie zu informieren.

DER LESER HAT DAS WORT – DER LESER HAT DAS WORT

Luxus wie im Märchen

Kurort Oberwiesenthal. Zu einer Begehung verschiedener Gästehäuser trafen sich dieser Tage Staatsanwältin Henk, Beamte der Kriminalpolizei sowie Vertreter der örtlichen Bürgerinitiative. Hier das Ergebnis:

Gästehaus SED-Bezirksleitung: Das Haus ist mit sehr viel Holz in bester handwerklicher Verarbeitung ausgestattet. In den Appartements – Kühlschränke, TV- und Hifi-Geräte sowie Telefone. WC und Bäder sind durchweg gefließt, die Armaturen westlichen Fabrikats. Keramik, Glasgegenstände und rustikale Holzmöbel schmücken die Zimmer. Im Kellergeschoß befinden sich ein komfortabel eingerichtetes Kaminzimmer sowie Sauna mit Wasserbecken.

Gästehaus Rat des Bezirkes: Auch hier handwerkliche Spitzenleistungen, sehr viel edles Holz, rustikale Möbel und Decken, technische Geräte, Sauna, WC und Duschen durchweg gefliest. Beeindruckend war die Fülle von Schnitzereien und geklöppeltem Wandschmuck. Wir erhielten die Auskunft, daß das Haus nur zu 25 Prozent ausgelastet war. Der finanzielle Wert der Gegenstände ist unüberschaubar. Zwangsläufig entsteht die Frage nach dem Woher der Einrichtung und nach dem Woher des Geldes dafür.

Ferienheim „Kurt Schädlich" unterstand MfS: Das hier Gesehene stellt das Bisherige absolut in den Schatten. Mit sichtlichem Widerwillen öffnete man uns alle Türen. Hier nun ein Bild des absoluten Luxus. Mehrere Appartements, insgesamt für 16 Personen, mit Telefonen. PHILIPS-TV und Hifi; luxuriöser Holzverkleidung, Fußbodenheizung in Bädern, welche sämtlich gekachelt sind; nur westlichen Armaturen, Teppichböden; rustikalen Holzmöbeln, Bleikristall ... Es war, als würde man mit jeder Tür eine Märchenwelt öffnen. Sauna mit Schwimmbecken, Solarium – westliches Erzeugnis, Ruheräume mit Kühlschränken voller Fruchtsäfte. Drei große, mit hochwertigen Geräten ausgestattete Räume sind für die medizinische Betreuung gedacht. Eßzimmer, Kaminzimmer und Bar wirken äußerst prächtig. In einem Wirtschaftsraum befanden sich vier Kühlschränke – gefüllt mit Wein, Sekt und Spirituosen zu 90 Prozent westlicher Herkunft. Geflieste Garagen und ein Notstromaggregat mit 160 kVa beanspruchten 16 Personen für sich ...

Lars Mühlig

Bild 061

Am Abend zu Hause angekommen, bin ich mit meiner Familie zu meinen Schwiegereltern gegangen und habe von dem Tag berichtet. Ich war richtig stolz auf mich, endlich gegen die Machenschaften der SED eine Anzeige gestellt zu haben, und das mit einem richtig guten Erfolg.

Es dauerte nur wenige Tage, und ich bekam vom Neuen Forum aus Annaberg-Buchholz Besuch. Es war Jürgen Förster. Er war vom Kreisrat eingesetzt, einen unabhängigen Untersuchungsausschuss zu bilden, welcher im Kreis Annaberg-Buchholz Korruption, Machtmissbrauch und MfS-Vergehen aufdecken sollte. Er bat mich mitzumachen, da von mir in Oberwiesenthal schon einiges angeschoben worden war (Bild 063). Ich war sofort bereit und bekam in der nächsten Woche bei der ersten Zusammenkunft einen Ausweis. Mein erster Auftrag war, in das Kreisliegenschaftsamt zu gehen, um zu erfahren, wer der Eigentümer der in Oberwiesenthal geöffneten Objekte ist. Das fiel mir nicht schwer. Ich informierte unseren Heimleiter im FDGB-Ferienheim und bat um bezahlte Freistellung. Er musste dem zustimmen, da es, solche Einsätze betreffend, einen Beschluss des Kreisrates gab. Ich hatte schon gemerkt, dass das dem Heimleiter gar nicht gefiel. Im Liegenschaftsamt bat ich um die Einsicht in die Grundbuchblätter. Es war erstaunlich: Kein Objekt war irgendeiner politischen Organisation zugeordnet. Alle waren eingetragen als Eigentum des Volkes. In diesem Untersuchungsausschuss erfuhr ich, wie das Erich-Mielke-Haus entstanden ist. Mitfinanziert worden war der Bau unter anderem aus dem Erlös der Aufbautombola, die in Annaberg-Buchholz auf dem Marktplatz stand. In dieser Tombola waren richtig gute Preise verlost worden. Der Hauptpreis war immer ein Trabant gewesen. Wenn dieser dem Gewinner herausgegeben worden war, war wieder das neueste Modell aus Zwickau in die Tombola gekommen.

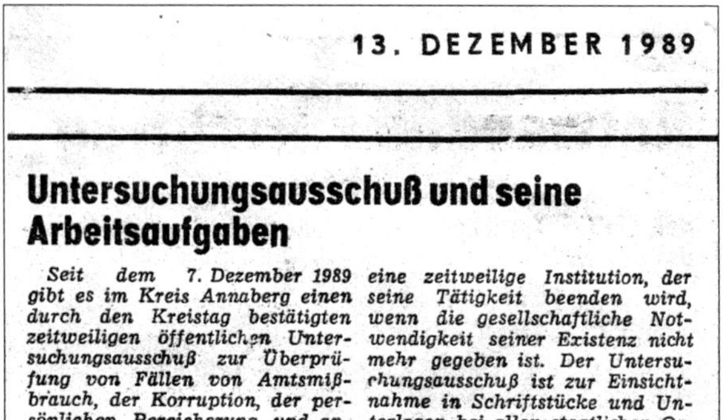

13. DEZEMBER 1989

Untersuchungsausschuß und seine Arbeitsaufgaben

Seit dem 7. Dezember 1989 gibt es im Kreis Annaberg einen durch den Kreistag bestätigten zeitweiligen öffentlichen Untersuchungsausschuß zur Überprüfung von Fällen von Amtsmißbrauch, der Korruption, der persönlichen Bereicherung und anderer Handlungen, bei denen der Verdacht der Gesetzesverletzung besteht.

Er setzt sich zusammen aus Mandatsträgern: Böttrich, Volkmar (FDGB); Fritzsch, Matthias (CDU); Hensel, Boris (SED); Hellmann, Manfred (NDPD); Nestler, Wolfgang (KB); Holtz, Lothar (NDPD); Jacob, Evelin (VdgB); Klaus, Günter (DBD); Kohl, Rainer (FDJ); Niegsch, Hubertus (CDU); Schimmank, Günter (LDPD); Tänzler, Christa (DFD) und Vertretern des Sprecherrates des Neuen Forums: Hotze, Wolfgang; Munser, Stefan; Wohlgemuth, Karlheinz, sowie interessierten Bürgern: Feig, Steffen; Förster, Jürgen; Knurr, Christian.

Zu den Grundlagen der Arbeit gehören u. a.: Der Ausschuß ist eine zeitweilige Institution, der seine Tätigkeit beenden wird, wenn die gesellschaftliche Notwendigkeit seiner Existenz nicht mehr gegeben ist. Der Untersuchungsausschuß ist zur Einsichtnahme in Schriftstücke und Unterlagen bei allen staatlichen Organen, Einrichtungen, Parteien, gesellschaftlichen Organisationen und Betrieben berechtigt. Der Ausschuß ist berechtigt, Bürger zur Anhörung zu laden, die Verweigerung der Einsichtnahme in die Unterlagen oder der Erteilung von Auskünften öffentlich bekanntzugeben und die Überprüfungsergebnisse zu veröffentlichen. Vom Untersuchungsausschuß festgestellte Fälle, bei denen der Verdacht der Gesetzesverletzung besteht, sind dem Kreisstaatsanwalt zu übergeben. Stellt sich die Unbegründetheit von Vorwürfen und Anschuldigungen heraus, ist der Ausschuß verpflichtet, dies gegenüber jedermann auf Anforderung zu bestätigen. Der Ausschuß informiert über Ergebnisse den Kreistag.

Dr. W. Piersig

Bild 063

Bei einer weiteren Recherche im „Alten Club“ von Oberwiesenthal, es war ein städtisches Gebäude, versuchte ich auch hier Informationen nachzugehen, welche ich von Oberwiesenthaler Einwohnern bekommen hatte. Schon immer war im Ort gemunkelt worden, dass dort politische Ungereimtheiten herrschten. Bis Ende der 70er Jahre war hier der Traktorsportclub untergebracht gewesen. Nach dem Auszug des Sportclubs in ein neues Objekt auf dem Sparringberg waren umfangreiche Baumaßnahmen vorgenommen worden. Einwohner hatten mir mitgeteilt, dass eine Elektrofirma Rechnungen erstellt hätte, aus denen gewisse Leistungen gar nicht erbracht und andere doppelt abgerechnet worden waren. Gemeinsam mit dem Objektverantwortlichen führte ich eine Begehung durch. Anschließend zeigte er mir den Ordner mit den Rechnungen zu den elektrotechnischen Umbaumaßnahmen. Hier musste ich erkennen, dass so gut wie keine Rechnungen darüber vorhanden waren. Ich bedankte mich für die gute Unterstützung und verließ das Objekt. Als ich vor meinem Trabant stand, musste ich feststellen, dass die Frontscheibe eingeschlagen war. Ich war zwar verärgert, sagte mir aber, mit so etwas muss ich rechnen. Es hielt mich nicht ab, in meiner Funktion weiterzumachen. Eines Tages wurde ich vom Besitzer eines Sportgeschäfts, es war Heinz Gahler, angerufen, ich solle sofort in sein Geschäft kommen, da ein Reporter vom ZDF mich interviewen will. Ich war sehr aufgeregt und überlegte, was der von mir wissen will. Leider habe ich mir den Namen des Reporters nicht gemerkt. Im Nachhinein konnte ich mir denken, was er von mir wissen wollte. Vorsichtshalber habe ich meine Fotos von den Staatsobjekten mitgenommen. Es war das Thema, welches ich mir gedacht hatte. Ich zeigte ihm die Fotos und erklärte ihm, welches Objekt welcher politischen Organisation gehört hatte. Er wollte wissen, wem die Objekte grundbuchmäßig gehören. Ich erklärte ihm, was in den Grundbüchern stand. Immer wieder legte er mir die Worte in den Mund, dass diese Objekte vielleicht doch entsprechenden Organisationen zugeordnet waren. Als ich mich von meiner Meinung nicht abbringen ließ, verabschiedete er sich und bedankte sich für meine Informationen. Am gleichen Abend wurde das Interview im Heute-Journal ausgestrahlt.

Am 30. Januar 1990 startete ich mit meiner Familie erneut zu meiner Schwester nach Königswinter. Der Anlass war ihr

50. Geburtstag. Auch hier war seitens ihrer Gäste das Interesse groß, über die Wende 1989 Näheres zu erfahren. Ich klärte alle über das Leben in der DDR auf. An einem der nächsten Tage fuhren wir wieder nach Bonn und mein Schwager ging mit mir in das Haus der Geschichte. Er wollte mir die Ausstellung zur Wende, verbunden mit dem Mauerfall, zeigen. Vor dieser Ausstellung standen ca. 10 Jugendliche, die sich für diese Thematik interessierten. Mein Schwager ging zu ihnen und fragte, ob sie Erklärungsbedarf hätten. „Ja", meinten sie, „wir können uns das gar nicht vorstellen, wie das Leben in der DDR war." Hans holte mich hinzu und informierte die Jugendlichen über meine Arbeit im Neuen Forum. Es stellte sich heraus, dass es Studenten für deutsche Geschichte waren. Nun habe ich auf die Fragen der Studenten ausführlich geantwortet. Nach ca. 20 Minuten verabschiedete ich mich. Die Studenten waren voller Lob über die Diskussion. Sie gaben mir mit auf den Weg: „Macht was aus der Wende und ihr werdet es nicht bereuen, Bürger eines vereinten Deutschlands zu sein."

Bei einer weiteren Zusammenkunft im Untersuchungsausschuss musste ich erfahren, dass die SED-Kreisleitung über die Staatssicherheit ein Internierungslager vorbereitet hatte. In diesem Lager sollten diejenigen untergebracht werden, die in oppositionellen Gruppen aktiv versucht hatten, das sozialistische System zu stürzen. Nach einem erfolglosen Sturz des Systems sollten diese Bürger in die damalige Sowjetunion deportiert werden. Auch mein Name befand sich auf dieser Liste. Die Staatssicherheit hatte in verschiedenen Gemeinden konspirative Stützpunkte, zu denen auch das FDGB-Ferienheim „Am Fichtelberg" gehörte. In Hammerunterwiesenthal gab es einen Gartenbungalow, in dem ebenfalls gelegentlich ein konspirativer Treff der Staatssicherheit stattgefunden hatte. Nun wollte ich wissen, ob es über mich bei der Staatssicherheit eine Akte gibt. Ich schrieb die Gauck-Behörde in Chemnitz an und bekam eine Kopie eines Deckblatts (Bild 064). Es war offensichtlich, dass über mich eine Akte geführt worden war. Mir wurde mitgeteilt, ich sollte noch etwas Geduld haben, da an den Unterlagen noch gearbeitet würde. Eine Aufzählung von all dem, was im Untersuchungsausschuss bekannt geworden ist, würde den Rahmen dieses Buches sprengen. Bürger haben sich mit Tränen in den Augen gemeldet und berichtet, wie sie gezwungen worden sind, Informant der Staatssicherheit zu werden. Es stellte sich heraus, dass nach dem Anlegen meiner Akte beim MfS durch das FDGB-Ferienheim diese besagte Straftat von 1966 in meiner Akte hinzugefügt wurde (Bild 065).

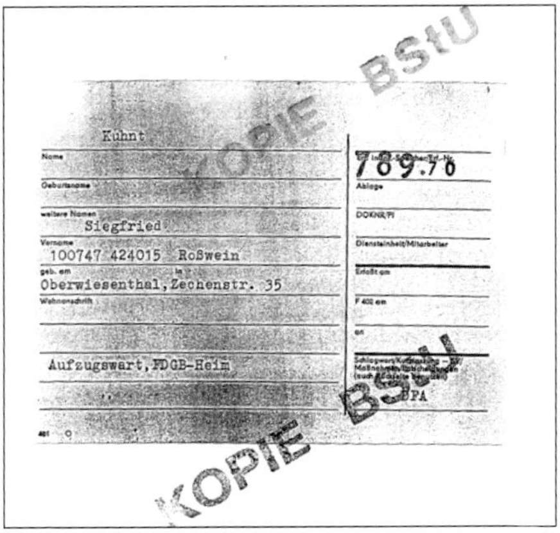

Bild 064

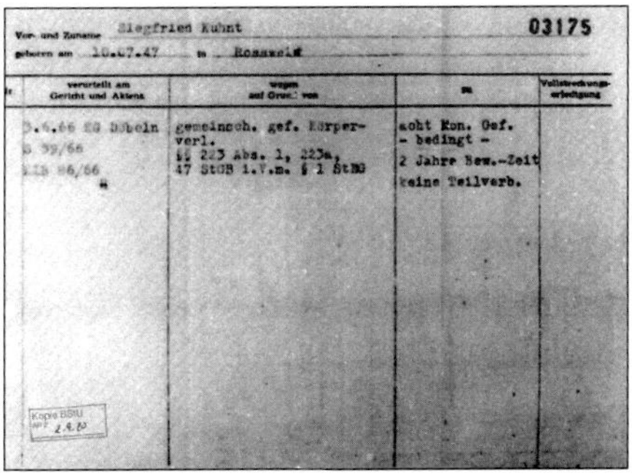

Bild 065

Auch wurde bekannt, dass es schon seit 1986 einen Befehl von Erich Mielke gab, mit den Aufforderungen an entsprechende Genossen, dass sie sich bei einem Zusammenbruch der DDR als IM oder OibE in oppositionelle Gruppen einschleusen sollen, um diese zu unterwandern. Das war in Oberwiesenthal gelungen. Der frühere Leiter des Traktorsportclubs kam sehr schnell zu uns und wollte im Neuen Forum mitarbeiten. Ich werde noch näher darauf eingehen.

Im März 1990 bekam ich vom Neuen Forum aus Annaberg-Buchholz eine Einladung zu einer Schulung nach Windisch-Eschenbach in der Oberpfalz. Diese wurde von der neugegründeten SPD Annaberg-Buchholz über die Friedrich-Ebert-Stiftung organisiert. Sie sollte dazu dienen, nach einer Wirtschafts- und Währungsunion in den Betrieben eine entsprechende Gewerkschafts- und Betriebsratsarbeit aufzubauen. Dieser Lehrgang lief eine Woche, wozu ich Urlaub genommen hatte. Es war für mich sehr interessant, da es Gespräche gab mit dem damaligen Oberbürgermeister von Weiden, Herrn Schröpf, mit einem Professor einer Wirtschafts- und Wissenschaftsuniversität, mit Gewerkschaftern und Betriebsräten. Wir konnten uns aussuchen, welche Betriebe wir besuchen wollten, um dort Informationen zu sammeln. Mich interessierte die Hotellerie. In einem Hotel erhielt ich Auskunft zum Verhältnis von Personal zu Betten. Der Hotelbesitzer gab mir zu verstehen, dass in einem Mittelklassehotel das Verhältnis 1 zu 10 ist. Das heißt, auf einen Mitarbeiter rechnet man 10 Betten. Als ich ihm über die Struktur unseres Ferienheimes berichtete, dass wir ca. 800 Betten und 500 Aufbettungen haben bei einem Personal von ca. 350 Vollzeitbeschäftigten, gab er mir zu verstehen: „Wenn ihr das nicht ändert, geht das Haus pleite." Zum Abschluss dieses Lehrganges wurden wir alle gefragt, wie wir denn nach einer Wirtschafts- und Währungsreform die Zukunft in der ehemaligen DDR sehen. Alle, die sich gemeldet hatten, gaben nur eine Antwort: „Endlich richtiges Geld in der Hand zu haben und die Reisefreiheit genießen zu können." Als Letzter meldete ich mich. Ich schilderte meine Meinung: „Es ist unfair, die Mark der DDR mit einem Tauschsatz von 1 zu 1 beziehungsweise 2 zu 1 mit der Deutschen Mark umzuwerten. Die DM ist auf Grund der knallharten Arbeit so wertvoll, dass man sie dadurch abwertet. Bei so einem Tauschsatz profitieren in der DDR letztendlich wieder die, die dem System treu ergeben waren, in hohen Positionen ihr Geld bekommen und dadurch gute Spareinlagen hatten. Der kleine Mann ist wieder der, der das Nachsehen hat." Ich war noch gar nicht fertig, da bekam ich von allen die übelsten Beschimpfungen. Heute muss ich sagen, wäre der Umtauschsatz nicht so gekommen, sondern wie die DM zur Ostmark immer gehandelt wurde, nämlich 1 zu 7, wäre sicherlich die friedliche Revolution nicht friedlich über die Bühne gegangen.

Nach der Rückkehr vom Lehrgang begab ich mich zur BGL-Vorsitzenden und berichtete über diese Schulung. Sie hörte mir aufmerksam zu und kam zu dem Entschluss, die einzelnen Bereiche darüber zu informieren und aufzuklären. Gemeinsam organisierten wir 5 Veranstaltungen im FDGB-Ferienheim, um die Mitarbeiter darüber zu informieren, welche Folgen bei einer bevorstehenden Wirtschafts- und Währungsunion auf uns zukommen können. Begonnen habe ich mit der Gastronomie. Die weiteren Bereiche waren Küche, Beherbergung, Technik und die Verwaltung. Mir ging es darum, den Mitarbeitern zu empfehlen, sich zeitig genug auf dem Arbeitsmarkt umzusehen, da in Zukunft der Dienstleistungssektor viele Leistungen übernehmen wird. Ich gab auch zu verstehen, dass durch die Beauftragung von Fremdfirmen die Betriebskosten für ein Unternehmen gesenkt werden können, also nicht für alle Leistungen eigenes Personal vorzuhalten ist. In allen Bereichen musste ich mir böse Worte anhören und wurde als Spinner hingestellt. Es kam soweit, dass der Objektleiter mir die Empfehlung aussprach: „Dann suche dir doch eine neue Arbeit." Zu diesem Zeitpunkt wusste noch keiner, dass ich schon einen neuen Betrieb aufgesucht und sogar die Zusage bekommen hatte, noch eine zweite Person mitzubringen. Von diesem Tag an war ich bei allen Mitarbeitern des FDGB-Ferienheimes nicht mehr gern gesehen. Ich hatte auch schon eine zweite Person ins Auge gefasst, aber noch nicht mit ihr darüber gesprochen.

In Vorbereitung der ersten freien Kommunalwahlen in der DDR am 6. Mai 1990 hat sich das Neue Forum des Kreises Annaberg-Buchholz in „Bürgerbündnis 89" umbenannt. Der

Grund war, dass wir nicht nur die sozialen Gesichtspunkte im Auge hatten, sondern auch die Wirtschaft. Nur bei einer starken Wirtschaft kommt das soziale Leben nicht zu kurz. Ich montierte für den Wahlkampf zwei große Lautsprecher auf meinen Trabant und fuhr in Oberwiesenthal, Bärenstein und Annaberg-Buchholz auf Wahlkampftour.

Bild 066/*Mein Trabant als Wahlkampfauto im Kreis Annaberg-Buchholz, Erzgebirge.*

Im Kofferraum hatte ich eine Autobatterie installiert, die für einen Verstärker, für ein Kassettenabspielgerät und ein Mikrofon benötigt wurde. Als Musiktitel spielte ich: „Berlin-Berlin, Berlin braucht keine Mauer", den „Sonderzug nach Pankow" und „Freiheit". Zwischendurch spielte ich meinen, in einem Studio aufgenommenen Text ab, um die Bürger aufzurufen, zur ersten freien Wahl der DDR zu gehen. Natürlich bekam ich an manchen Haltepunkten übelste Beschimpfungen ab. Der Großteil der Bürger beklatschte mein Arrangement. Am Vortag der Wahl hatten wir, das Bürgerbündnis 89, ein Bierzelt in Kurort Oberwiesenthal aufgebaut und eine Laienspielgruppe aus Crottendorf arrangiert (Bild 067 + 068). Sie führten ein Programm auf, in dem Erich Honecker und Erich Mielke satirisch dargestellt wurden. Aus dem Erlös vom Bierzelt wurden die angefallenen Kosten abgedeckt und der Rest von 1.500 Mark der DDR wurde von mir und Bodo Lützendorf an Joachim Kunze übergeben, um seine Aktivitäten im Bereich Naturschutz zu unterstützen. Joachim Kunze war Lehrer und ein Ehrenbürger der Stadt Kurort Oberwiesenthal, der sich leidenschaftlich der Natur widmete. Das Ergebnis der Wahl war, dass das „Bürgerbündnis 89“ in Oberwiesenthal 5 Sitze in einem 16-köpfigen Stadtrat bekam. Für mich war es eine Herausforderung, mich nun kommunalpolitisch einzubringen. In der ersten Sitzung des Stadtrats mussten alle eine Erklärung abgeben, keine Beziehung zur Staatssicherheit gehabt zu haben. Es dauerte nicht lange und in einer nichtöffentlichen Sitzung wurden die Namen von 3 Bürgern bekannt gegeben, von denen einer als Offizier im besonderen Einsatz und zwei als informative Mitarbeiter beim MfS tätig gewesen waren. Diese drei mussten ihr Mandat als Stadtrat beziehungsweise Angestellte der Verwaltung abgeben und es rückten für deren Funktionen andere Bürger nach. Dabei wurde u. a. der frühere Leiter des Traktorsportclubs enttarnt. Ein dicker Ordner über seine Tätigkeit als OibE lag schon bald auf dem Tisch des Verwaltungsausschusses, in dem ich Mitglied war. Wie auch unsere anderen 4 Stadtratsmitglieder vom „Bürgerbündnis 89“ war ich entsetzt.

Bild 067

Bild 068

Anfang Juni 1990 habe ich die zweite Person, meinen Kollegen Bodo Simon, angesprochen, ob er Interesse hätte, mit mir in einem neuen Betrieb, der „PGH Garant“ Karl-Marx-Stadt, die Arbeit als Förderanlagenmonteur aufzunehmen. Ich schilderte ihm, welche Aufgaben uns dort erwarten. Er war erschrocken und wollte wissen, wieso ich auf ihn gekommen bin. Kurz erklärte ich ihm, dass ich ihn als guten Elektroniker und Techniker einschätze. Er bat um ein paar Tage Bedenkzeit und sagte danach zu. Er war erst im Oktober 1989 als Elektriker im Ferienheim eingestellt und der Elektrikerbrigade zugeordnet worden. Sein früherer Chef, ein privater Elektrounternehmer, hatte im Oktober 1989 mit seiner Familie die Flucht in den Westen angetreten und somit standen eines Tages frühmorgens alle seine Mitarbeiter vor verschlossenen Betriebstoren. Von diesem Tag an war ich zuständig, Bodo mit der Aufzugstechnik vertraut zu machen. Schon da hatte ich das Gefühl, dass ich auf Grund meiner aktiven Arbeit im „Bürgerbündnis 89“ keine weitere Zukunft in diesem Ferienheim habe. Ende Mai 1990 gab ich mit der Bitte um einen Aufhebungsvertrag bei der Kaderleitung im FDGB-Ferienheim meine Kündigung ab. Die Personalchefin nahm die Kündigung entgegen und wünschte mir für die Zukunft ab 1. Juli 1990 viel Erfolg. Mein Schachzug war aufgegangen. Der PGH-Vorsitzende aus Karl-Marx-Stadt meldete sich bei unserem Objektleiter an, um mit ihm über Möglichkeiten für einen reibungslosen Übergang für uns zu sprechen. Als ich mit Bodo das Zimmer des Objektleiters betrat, mussten wir feststellen, dass auch mein Brigadeleiter und der Technische Leiter im Büro anwesend waren. Ich konnte gut beobachten, was allen Herren durch den Kopf ging. Von diesem Moment an hatten sie für den Service an den Aufzugsanlagen keinen guten Monteur mehr. Am 30. Juni 1990 gaben wir beide im Bereich Technik den Ausstand und verabschiedeten uns. Es gab schon einige Kollegen, die uns alles Gute wünschten, mit der Bemerkung: „Ihr macht das richtig."

Damit waren 15 Jahre als Mitarbeiter im FDGB-Feriendienst Geschichte. Diese Zeit war für mich bis dahin eine der erfolgreichsten meiner beruflichen Laufbahn. Hier konnte ich extrem vielseitige technische, gesellschaftliche und auch persönliche Erfahrungen sammeln. Heute hat das ehemalige Ferienheim, welches nun ein Drei-Sterne-Hotel ist, das Verhältnis von Mitarbeitern inklusive Auszubildenden zu Betten, wie ich es damals diskutiert hatte. Die Bettenzahl hat sich nach meinen jetzigen Kenntnissen nicht verringert. Meine Aussagen nach dem Lehrgang in Windisch-Eschenbach während der Veranstaltungen im damaligen FDGB-Ferienheimhaben sich also bestätigt.

Am 1. Juli 1990 trat nun die Wirtschafts- und Währungsunion in Kraft. Bei der Sparkasse drängelten sich die Bürger, um das DDR-Geld loszuwerden und endlich die DM in den Händen zu halten.

1.

Bild 069/*Dieses DDR-Geld habe ich bewusst als Erinnerung aufgehoben.*

Als meine Frau mit der DM nach Hause kam und das Geld auf den Tisch legte, versprach ich ihr, sofort mit dem Rauchen aufzuhören, da das Geld für Zigaretten zu schade ist. Dieses Versprechen habe ich eingehalten und nie wieder eine Zigarette angefasst.

Nun beginnt eine ganz neue Zeit in einem vereinten Deutschland, die ich beruflich, gesellschaftlich und persönlich weiterhin sehr intensiv genutzt habe.

Mein ganz persönlicher Dank dafür, dass die Wende in einem reibungslosen Übergang zu einem vereinten Deutschland vollzogen wurde, gilt hier insbesondere dem damaligen Bundeskanzler Helmut Kohl, dem Außenminister Hans-Dietrich Genscher, dem Finanzminister Theo Weigel und dem Innenminister Wolfgang Schäuble. Nicht zu vergessen die vielen Tausenden Bürger, die auf die Straße gegangen sind, um ihren Unmut gegenüber dem System, nicht aber in jedem Fall gegenüber der DDR, zum Ausdruck zu bringen.

KAPITEL 9

Der berufliche Weg ab dem 1. Juli 1990

Am 1. Juli 1990 begann ich meine neue Tätigkeit als Förderanlagenmonteur in der „PGH Garant“ in Chemnitz. Die Geschäftsleitung und alle Gesellschafter der damaligen PGH hatten sich unter mehreren Bewerbern von Aufzugsfirmen für ein Unternehmen entschieden, was weltweit einen guten Ruf hatte. Unter allen Unternehmen, die sich europaweit im Bereich Aufzugstechnik für eine Mitgliedschaft als Gesellschafter der „PGH Garant“ beworben hatten, bekam ein Unternehmen aus Finnland den Zuschlag. Durch die anstehende Wirtschafts- und Währungsunion war die „PGH Garant“ mit ihrem finanziellen Eigenkapital auf dem freien Markt sofort interessant. Eine Forderung von „Garant“ war gewesen, dass der Partner 49 % bekommt und die PGH als GmbH 51 % des Stammkapitals behält. Alle anderen Bewerber haben diese Forderung abgelehnt. Es war eine gute Entscheidung der Geschäftsleitung und Gesellschafter dieser PGH. Zunächst bekamen wir Oberwiesenthaler einen heruntergewirtschafteten Trabant als Dienstfahrzeug und wurden im Erzgebirge zu Wartungs- und Entstörungsarbeiten an Aufzugsanlagen eingesetzt. Ich bekam von der Firma einen Anrufbeantworter, auf dem regelmäßig die Nachrichten zu unseren Einsatzorten eingingen, wohin wir täglich zu Entstörungs- und Wartungsarbeiten fahren mussten. Diesen Anrufbeantworter konnte man mit einem mobilen Gerät von überall her ständig abrufen. Im August 1990 fuhr ich mit einigen Monteuren der Firma mit dem Zug nach Frankfurt am Main, um neue Autos abzuholen. Wir wurden in der Zentrale der Unternehmensgruppe in Deutschland herzlichst mit einem guten Essen empfangen, über die Struktur dieser GmbH innerhalb Deutschlands informiert und begaben uns danach mit einem Meister aus dem Büro in ein VW-Autohaus. Alle mitgereisten Monteure bekamen dort einen VW Polo. Was für ein Gefühl das damals war, einfach unbeschreiblich. Zu Hause in Oberwiesenthal angekommen, habe ich gespürt, wie einige Bürger neidvoll auf mich geschaut haben, unter anderem die noch im Ferienheim beschäftigten Mitarbeiter. Ende August 1990 kam schon die Firmenwerbung auf das Auto, wodurch wiederum das Augenmerk vieler auf mich gerichtet war. Anfang September 1990 wurden ich sowie mein Kollege von der Geschäftsleitung nach unserer Bereitschaft für bundesweite Montage-Einsätze gefragt. Nach Rücksprache mit meiner Frau gab es für mich keine bessere Lösung. Da ich bis zu diesem Zeitpunkt frühmorgens um 5:00 Uhr aufstehen musste, um 6:30 Uhr meine Arbeitszeit in Chemnitz begann und ich nicht vor 17:30 Uhr wieder zu Hause war, gab es keine Bedenken. Meine Frau war als Kellnerin in einem Hotel beschäftigt, ihre Arbeitszeit begann gegen 16:00 Uhr. Somit konnten wir nur an Wochenenden unser Familienleben genießen. Unsere Kinder waren ja schon groß, sehr selbstständig und kamen über den Tag sehr gut selbst zurecht. Bei einem Montageleben wäre der Wochenablauf nicht anders verlaufen. So habe ich das mit meiner Frau besprochen. Auf Montage zu arbeiten, bedeutete aber auch, richtig gutes Geld zu verdienen, was uns der Erfüllung unserer Träume vom eigenen Haus immer näher brachte. Somit begann im September 1990 meine Tätigkeit als Neubaumonteur von Aufzugsanlagen. Bis ich in Lehrgängen in Augsburg und Hannover für die Errichtung von Aufzugsanlagen ausgebildet wurde, lernten mich Monteure in den alten Bundesländern an. Meine erste Montage fand im September in Wegscheid bei Passau statt. Hier baute ich gemeinsam mit dem Monteur Rudolf Keller aus Augsburg in einem Krankenhaus zwei große Bettenaufzüge ein. Er hat mich sehr viel gelehrt und ich bin ihm sehr dankbar, wie viel Rücksicht er auf mich genommen hat. Für mich war das Montageleben doch Neuland und ich wusste nicht, was mich erwartete, aber es gestaltete sich abwechslungsreich und interessant. Anfangs fuhr ich für eine kurze Zeit noch allein auf Montage, bis ich die nötigen Kenntnisse hatte, selbstständig Aufzugsanlagen zu montieren. Danach fuhr ich mit meinem Kollegen Bodo 13 Jahre lang gemeinsam auf Montage. Wir verstanden uns bestens, so dass jeder von jedem wusste, wann welche Handgriffe zu erledigen waren.

Dass wir in so einem guten Unternehmen Fuß gefasst hatten, war einem Elektrounternehmer in Oberwiesenthal ein Dorn im Auge. Deshalb konnte er es nicht lassen, mich in Briefen an die Geschäftsleitung der GmbH zu beleidigen. Er hoffte so, meine Entlassung zu erwirken. Ich persönlich wurde von ihm als Dummschwätzer und Taugenichts betitelt. Nach jedem Brief wurde ich zum Geschäftsführer bestellt und musste mich erklären. Da unser Geschäftsführer im Nachgang nicht auf die Briefe reagiert hatte, kamen anonyme Briefe mit weitaus schlimmeren Äußerungen in die Firma. Daraufhin wurde der Geschäftsleitung klar, dass es hier darum ging, mich zu entlassen. Noch heute bin ich der Geschäftsleitung dankbar, nicht auf die Machenschaften des Unternehmers reagiert zu haben.

Als ich für längere Zeit in Augsburg eingesetzt worden war, um in einem Neubaugebiet Neuanlagen zu montieren, kam der Montagemeister zu mir und bot mir an, meinen familiären Wohnsitz nach Augsburg zu verlegen. Ich sollte in der Niederlassung Augsburg die Arbeit fortsetzen und würde sofort eine entsprechende Wohnung bekommen. Ich lehnte jedoch sofort ab. Da ich die Wende aktiv mit herbeigeführt hatte, war es mir wichtig, in Oberwiesenthal meinen Anteil an der Neugestaltung unseres Ortes zu leisten. Mein Ziel war es, ein eigenes Haus zu besitzen, um mich nicht den Mietpreisspekulationen aussetzen zu müssen. Die Jahre vergingen und ich reiste zu Montagezwecken durch ganz Deutschland. Die meiste Zeit habe ich im Raum Frankfurt am Main gearbeitet. Ich fuhr lieber in die alten Bundesländer auf Montage als in die neuen, wo viele Planer und Bauherren ihre bestimmende Tonart nicht abgelegt hatten. Es kam soweit, dass ich mir anhören musste: „Den Ablauf der Arbeitszeit bestimmen wir Bauherren und nicht Sie." Ich aber hatte für die Arbeitszeit feste Vorgaben. Ich habe in Hotels, Wohnhäusern, Betrieben und Sporteinrichtungen Personen- wie auch Lastenaufzüge eingebaut. Die interessanteste Arbeit war der Umbau und die Modernisierung der Bonifazius-Türme in Mainz.

Bild 070/*Die zwei Bonifazius-Türme in Mainz.*

Bild 071/*Installationsarbeiten in einem Schaltschrank einer Aufzugsanlage.*

Mit ihren fast 100 m Höhe und 24 Stockwerken wurden in den zwei Türmen 12 Aufzüge modernisiert. Auch an den Aufzügen im Hochhaus der DKB-Bank sowie im Marriott-Hotel in Frankfurt am Main habe ich Reparatur- und Servicearbeiten durchgeführt. Die Arbeit an solchen Aufzügen mit einer Geschwindigkeit von 6 m/Sek. war beeindruckend. Der Montagemeister Walter D. aus dem Büro Frankfurt am Main setzte in uns zwei Oberwiesenthalern immer ein hohes Vertrauen. Nach jeder Fertigstellung einer Anlage wurden wir zu einem Essen eingeladen. Der Höhepunkt war, als wir in einer Stadt im Taunus in einem 15-geschossigen Wohnhaus mit nur einem Aufzug diesen modernisieren sollten. Die Zeitvorgabe betrug 21 Arbeitstage. Somit sollten wir an den Wochenenden durcharbeiten. Wir sagten Walter nicht sofort zu, sondern setzten uns abends bei einem Bier hin, machten einen Plan und besprachen das am Wochenende mit unseren Frauen. Im Ergebnis unserer Planung sagten wir dem Montagemeister zu. Nach den ersten 5 Tagen waren wir weiter als geplant. Wir informierten den Montagemeister und baten ihn, am Freitagabend nach Hause fahren zu dürfen. Die Antwort lautete: „Mir ist es egal, ihr wisst, wenn der TÜV kommt, muss die Anlage betriebsbereit sein." Eines Tages kam ein Bewohner, brachte uns einen Kasten Bier in den Maschinenraum und bedankte sich für die tolle Arbeit, da wir auf die Bewohner immer sehr viel Rücksicht genommen hatten. Mitunter haben wir den Bewohnern Einkäufe mit nach oben getragen. Wir hatten alles bis zum Termin geschafft und der TÜV hatte nichts zu beanstanden. Daraufhin unterbreitete uns der Montagemeister folgendes Angebot: „Am kommenden Wochenende nehmt ihr eure Frauen und geht richtig gut aus. Bei Essen und Tanz sollt ihr es euch mal richtig gut gehen lassen." Wir gingen in das Hotel „Stadtwappen" in Oberwiesenthal, wo dieses Wochenende eine Tanzveranstaltung stattfand und hatten eine Rechnung von fast 200 DM. Als wir am Montag wieder in Frankfurt am Main waren, gab ich dem Meister die Rechnung. Ich entschuldigte mich, dass der Abend so teuer geworden war. Noch heute höre ich seine Worte: „4 Personen für 200 DM an einem Tanzabend, das ist doch nicht teuer." Das waren die Erlebnisse, wo du immer wieder neu motiviert wurdest und somit gern auf Montage gefahren bist.

In der JVA Bochum haben wir in den Gebäuden der Strafgefangenen Glasaufzüge eingebaut. Diese waren komplett aus Glas, da die Strafgefangenen die Essenwagen damit in die Etagen befördern mussten und die Wärter von ihren Dienstzimmern aus dadurch die Kontrolle über die Aufzugskabinen hatten. Uns wurde ein Vollzugsbeamter zur Seite gestellt, der uns überall hin begleitete und den Bau überwachte. Es ging lediglich darum, dass die Strafgefangenen keinen Kontakt mit uns aufnehmen und dabei Werkzeug entwenden konnten, was sie als Waffe hätten einsetzen können. Der Vollzugsbeamte hieß Rudi. An einem Abend saßen wir in unserer Pension an der Bar und Rudi kam dazu. Es war ihm ein Bedürfnis, endlich mal mit uns außerhalb seiner Dienstzeit ein Bier zu trinken und sich mit uns auszutauschen. Am Ende des Abends hat er die gesamte Rechnung übernommen mit der Begründung, sich für unsere gute Arbeit zu bedanken. Er meinte, an eurer Arbeit können sich die Monteure aus den alten Bundesländern ein Beispiel nehmen. Er machte den Vergleich, da in einem anderen Gebäude zwei Monteure aus Köln einen gleichen Aufzug eingebaut hatten.

Im Juni 1990 reichte ich bei der Stadtverwaltung Oberwiesenthal einen Antrag ein auf Genehmigung zum Bau eines Eigenheims. Das Grundstück war im Besitz der Schwester meiner Frau, die das elterliche Anwesen überschrieben bekommen hatte. Es war bis in die 60er Jahre ein landwirtschaftliches Grundstück. Meine Schwägerin wohnte im Wohnhaus und daran grenzte eine Scheune mit Stallung. Diese Scheune wollte ich abreißen und auf dem Grund ein eigenes Haus errichten. Da der Gutachter die Bauzustandsstufe 4 bestätigt hatte, erhielt ich die Genehmigung zum Abriss der Scheune.

Bild 072/*Die Vorbereitungen zu dem Abriss der Scheune, wo einmal mein neues Haus stehen wird. Eine große Unterstützung bekam ich auch von meinem Schwager, Klaus Schuster, rechts im Bild.*

Den Abriss wie auch die darauffolgenden Arbeiten bis hin zur Errichtung der Fundamente und dem Aufbringen der Grundplatte habe ich mit Familienangehörigen in den Jahren 1991 bis 1994 in Eigenleistung durchgeführt.

Im März 1994 hat der Bau durch eine Firma aus Schwarzenberg begonnen. Zur Finanzierung erklärte ich mich bereit, für 50 TDM eine Eigenleistung zu erbringen. Es war schwierig, die Finanzgeber davon zu überzeugen. Mein Bauplan ging auf und seit 1994 wohne ich in einem wunderbaren Eigenheim, in dem ich auch noch eine Ferienwohnung einrichtete.

Im März 2003 wurden wir zwei Monteure aus Oberwiesenthal in das Büro des Geschäftsführers der GmbH gebeten, um mit uns über neue Strukturen im Service-Bereich zu sprechen. In meinem damaligen Alter von 55 Jahren wollte er mir die anstrengende Arbeit im Neubau nicht mehr zumuten. Er bot mir an, den Service für die Aufzüge im Raum Erzgebirge und einige Wohnblöcke im Fritz-Heckert-Gebiet in Chemnitz zu übernehmen. Ich schlug nicht aus, da ich sowieso vorhatte, in nächster Zeit dem Neubau ade zu sagen. Somit startete ich von da an frühmorgens um 5:30 Uhr von Oberwiesenthal zu meiner Arbeit und war in der Regel 17:00 Uhr zu Hause. Im Winter war es schon etwas anders. Da wir in der höchstgelegenen Stadt Deutschlands wohnen, gab es natürlich auch die entsprechenden Schneemengen. So kam es manchmal vor, dass ich erst 20:00 Uhr zu Hause war. Nun musste ich auf meinem Grundstück erst einmal den Winterdienst verrichten, um das Dienstauto abstellen zu können (Bild 073). Frühmorgens musste ich sehr zeitig aufstehen, um Schnee zu räumen, damit ich pünktlich bei den Kunden war. Ich bereue das auf keinen Fall und hatte es auch niemals satt, zur Arbeit zu fahren. Es war mein Job und ich wusste vorher, worauf ich mich einlasse. Die Kinder waren mittlerweile aus dem Haus und hatten ihr eigenes Zuhause. Den Service führte ich bis Juli 2012 durch, dann verabschiedete ich mich in den wohlverdienten Ruhestand. Zu meinem beruflichen Leben kann ich nur so viel sagen, dass ich keinen Tag bereue und nichts verkehrt gemacht habe. Ich bin ein Sieger der Wende.

Bild 073

KAPITEL 10

Das Engagement für Politik und gesellschaftliche Arbeit nach der Wiedervereinigung

Mit dem 1. Juli 1990 begann mein Weg in der Politik und auch im Vereinsleben. Nach der Kommunalwahl am 6. Mai 1990 setzte sich der Stadtrat von Oberwiesenthal aus Mitgliedern des „Bürgerbündnisses 89", der FDP, CDU und der PDS zusammen. Mit weiteren 4 Mitgliedern besaß ich das Mandat des „Bürgerbündnisses 89". Für den Stadtrat galt es nun, Bilanz zu ziehen, sich einen Überblick zu verschaffen, wo es in der Stadt Kurort Oberwiesenthal Veränderungen geben muss, um für die Zukunft einen soliden Haushalt aufstellen zu können. Die Aufstellung eines soliden Haushaltes war und ist auch heute noch in der Kommunalpolitik das oberste Gebot, um nach bundesdeutschem Recht handlungsfähig zu sein. Als Stadtrat wurde ich in den Hauptausschuss, Finanzausschuss, Bauausschuss und in den Aufsichtsrat der städtischen Wohnungsgesellschaft gewählt. Für die Erarbeitung des Haushaltsplans saßen wir an manchen Abenden bis Mitternacht zusammen. Auf Anfrage unserer Stadtverwaltung an die Partnerstadt Schonach stellte diese uns ihren Kämmerer, Herrn Liezmann, zur Seite. Nach der Einreichung des erstellten Haushaltsplans bei der Rechtsaufsicht in Annaberg-Buchholz wurde dieser nicht genehmigt und kam zurück. Herr Liezmann nahm den Plan mit und wandte sich an das Finanzministerium in Stuttgart. Wenige Tage später erhielten wir eine Einladung in das Finanzministerium Stuttgart. Ein Staatssekretär aus dem Finanzministerium erklärte uns, dass der Haushaltsplan in der vorliegenden Form seine Zustimmung bekommen muss. Als Empfehlung gab man uns mit auf den Weg, das Personal in unserer Stadt neu zu ordnen. In Stuttgart war man erschrocken, dass in Oberwiesenthal mit rund 4000 Einwohnern 400 Bedienstete bei der Stadt beschäftigt waren. So etwas hatte man im Westen noch nicht erlebt. Es war eine der ersten Erfahrungen, die ich als Stadtrat erleben durfte. Nun stand uns die schwierigste Aufgabe bevor, den Angestellten der Stadt klarzumachen, dass hier umstrukturiert werden muss.

Der Oberwiesenthaler Chor wurde gebeten, sich selbstständig zu machen, ebenso die Bergwacht und die Skischule. Auch der Traktorsportclub wurde aus der Struktur der Stadt herausgelöst und gründete sich als Verein „Traktorsportclub Oberwiesenthal e.V.". Aus dem städtischen Bauhof gingen 2 Einzelunternehmen hervor, denen die vorhandene Technik für ein geringes Entgelt überlassen wurde. Auf Grund dieser Maßnahmen mussten wir uns aus der Bevölkerung viele böse Worte anhören: „Derartige Entscheidungen hätten wir von den Stadträten des „Bürgerbündnisses 89" nicht erwartet." Es war nun erforderlich, alle betroffenen Bürger über die Unumgänglichkeit dieser Prozesse aufzuklären. Diese sogenannte „Drecksarbeit" habe ich gemeinsam mit meinen 4 Mitstreitern nicht gescheut. In Oberwiesenthal übertraf der Bestand an kommunalem Wohneigentum den des privaten um ein Vielfaches. Bei dem Besuch in Stuttgart war uns auch empfohlen worden, Wohnraum soweit wie möglich zu privatisieren. Eine Stadt sollte sich auf die Kernaufgaben konzentrieren und keine unternehmerische Tätigkeit ausüben.

Ein weiteres Erlebnis war die Neuausrichtung von kommunalem Wohneigentum. In einer diesbezüglichen Beratung bei der Sparkasse wurde mir empfohlen, die Bürger anzusprechen, ob sie bereit seien, städtische Wohnungen zu kaufen. Im Frühjahr 1992 habe ich die Bewohner aus dem Wohngebiet „Am Zechengrund" zu einer Veranstaltung mit dem Thema „Privatisierung von städtischem Wohneigentum" in das Kulturhaus eingeladen. Der Saal war bis auf den letzten Platz gefüllt. Meine Tochter Michaela hatte ich als Protokollantin mitgenommen. Mit wenigen Worten schilderte ich meine Auffassung zum aktuellen Wohnungsbestand der Stadt und die Situation, die eventuell auf die Mieter zukommen könnte. Es dauerte nicht lange und die Diskussion entfachte sich mir gegenüber in Form von

Beschimpfung. Die meisten wollten nicht verstehen, dass mit der Wende alles auf den Kopf gestellt wurde, was bisher für Mieter gut gewesen war. Ich stellte klar, dass, wenn es Kaufinteressenten für die Wohnblöcke gibt, die Stadtverwaltung die Forderungen dieser zukünftigen Eigentümer zu erfüllen hätte. Die Stadt komme nicht umhin, Kaufangebote anzunehmen. Ständig wurde ich gefragt, wie teuer so eine Wohnung ist. Immer wieder habe ich betont, dass es sich im Moment um eine reine Informationsveranstaltung handelt, bei der es nicht um Preise geht, sondern nur um die Anregung, über eine Kaufoption nachzudenken. Ein Protokoll konnte nicht weiter geführt werden, da die Teilnehmer der Veranstaltung sich in den Diskussionen gegenseitig übertrafen. In einer der nächsten Zusammenkünfte erläuterte eine eingeladene Mitarbeiterin der Sparkasse Annaberg-Buchholz den Mietern Finanzierungsmöglichkeiten. Das Ergebnis war, dass ein Großteil der Mieter bereit war, über einen Bausparvertrag eine Wohnung zu kaufen. Heute weiß ich von vielen Bürgern, dass sie das nicht bereut haben. Ihre Bausparverträge sind längst abgezahlt und sie zahlen nur noch einen überschaubaren Betrag auf ein Konto für Reparatur- und Erhaltungsmaßnahmen. Nach Privatisierung einiger Wohnblöcke war ich stolz, das Thema zeitig genug angesprochen zu haben.

Im Aufsichtsrat der städtischen Wohnungsgesellschaft ging es nun darum, die Strukturen aus der DDR-Vergangenheit neu zu ordnen. Als Erstes wurde ein Mietspiegel nach bundesdeutschen Bedingungen erarbeitet. Da zogen wir Stadträte uns weiteren Unmut der Bürger zu, obwohl wir den Mietpreis auf das unterste Niveau der gesetzlichen Richtlinien gesetzt hatten. In den ersten vier Jahren der Arbeit im Stadtrat haben wir viel erreicht. Nach der Kommunalwahl am 12. Juni 1994 verlor das „Bürgerbündnis 89“ 3 Sitze im Stadtrat. Das war sicherlich der Arbeit geschuldet, welche ich selbst organisiert und als Stadtrat mitgetragen hatte. Ich wurde erneut in den neuen Stadtrat gewählt. Bei dieser Wahl kam auch die Bürgerbewegung „Alternative freie Wählervereinigung e.V.“ mit in den Stadtrat. Aus dieser Bürgerbewegung wurde nun auch ein neuer Bürgermeister gewählt. Nachdem diese Bürgerbewegung bemerkt hatte, dass sie nichts erreichen konnte, wechselte ein großer Teil in die CDU. Das sorgte in der Stadt für viel Unmut, da die bis dahin starke CDU-Ortsgruppe sich auflöste, um mit einigen dieser Stadträte aus Vergangenheitsgründen nicht zusammenarbeiten zu müssen. Der neue Bürgermeister warf nach 100 Tagen das Handtuch und es standen Neuwahlen für das Amt eines neuen Bürgermeisters an. Der nunmehr neugewählte Bürgermeister kam aus Ostfriesland, war Mitglied der neuen CDU-Stadtratsfraktion und beim Bundesgrenzschutz in Oberwiesenthal stationiert.

Die erste wichtige Handlung bestand jetzt darin, die Sanierung der Plattenbauwohnungen auf dem Sparringberg in unserer Stadt voranzutreiben. In Schneeberg, einer Stadt im Erzgebirge im Freistaat Sachsen, hatte unser Geschäftsführer erfahren, dass dort Plattenbauhäuser saniert und mit einem Spitzdach versehen wurden. Nach einer Terminabsprache besuchten wir das Wohngebiet in Schneeberg und waren begeistert von dieser Modernisierung der Plattenbauten. Im Jahr 1997 begannen wir mit den Modernisierungsmaßnahmen der über 600 Wohnungseinheiten in Kurort Oberwiesenthal, die 1999 erfolgreich beendet wurden.

***Bild 074**/Die sanierten Plattenbauten in Oberwiesenthal.*

Im Mai 1997 sprachen mich fünf Bürger an, die bei dem stadteigenen Betrieb der Schwebebahn angestellt waren. Sie berichteten mir von einigen Ungereimtheiten im technischen und finanziellen Bereich. So wurden zum Beispiel von einem Unternehmen Scheinwerfer im Wert von über 70 TDM in den Räumlichkeiten der Schwebebahn eingelagert. Diese sollten zur Erweiterung einer Flutlichtanlage am Skihang installiert werden. Mir war als Stadtrat kein derartiger Beschluss bekannt, der den damaligen Betriebsleiter zu so einem Kauf berechtigt hätte. In einer der nächsten Stadtratssitzungen machte ich das Thema öffentlich und stellte dem Bürgermeister die Frage, wie es dazu kommen konnte. Sofort wurde ich von einigen Stadträten aus der CDU-Fraktion der Verleumdung beschuldigt. Wenige Tage später bekam ich aus einer Anwaltskanzlei eine strafbewehrte Unterlassungserklärung über 100 TDM. Damit sollte ich mich schnellstmöglich für meine Äußerungen öffentlich entschuldigen und die Verleumdung zurücknehmen, ansonsten drohe ein Gerichtsverfahren zu meinen Lasten. Jetzt war ich mir nicht mehr sicher, ob ich mich noch weiter als Stadtrat für Oberwiesenthal einsetzen kann. Sofort nahm ich mit dem Vorsitzenden des „Bürgerforums 89“ vom Landkreis Annaberg-Buchholz, Jürgen Förster, Kontakt auf und er kam mit einem Anwalt nach Oberwiesenthal. Nachdem ich den Herren das Schreiben vorgelegt hatte, meinten sie: „Keine Angst, das klären wir über das Innenministerium in Dresden.“ Es dauerte gar nicht lange und die Kanzlei musste ihre strafbewehrte Unterlassungserklärung zurücknehmen. Am Ende hat der Unternehmer eine Erklärung abgegeben, dass er die Scheinwerfer der Stadt gespendet hätte. Weder im laufenden noch im nächsten Haushaltsplan wurde eine derartige Summe in den Einnahmen als Spende verzeichnet.

Im Jahr 1998 gründete der Stadtrat von Oberwiesenthal eine Arbeitsgruppe zur Bildung eines Schulverbandes mit der 10 km entfernten Gemeinde Bärenstein. Auf Grund von rückgängigen Zahlen in der Bevölkerung von Oberwiesenthal bestand seitens des Kultusministeriums Sachsen nur noch die Möglichkeit zur Erhaltung der Grundschule. Die Grundschule hatte Bestandsschutz und die Mittelschule sollte in die Gemeinde Bärenstein verlegt werden. Dieser Arbeitsgruppe gehörten die zwei Bürgermeister und einige Stadträte beider Kommunen an. Ich erklärte mich bereit, in dieser Arbeitsgruppe für Kurort Oberwiesenthal mitzuarbeiten. Wir trafen uns wechselseitig einmal in Oberwiesenthal und einmal in der Gemeinde Bärenstein. Bei einer dieser Sitzungen in der Gemeinde Bärenstein äußerte unser 2. stellv. Bürgermeister (PDS), dass die Stadt Kurort Oberwiesenthal keinen Wert auf einen Schulverband legt. Damit war das Thema zur Weiterführung der Grundschule für Oberwiesenthal beendet.

***Bild 075**/Die Schule von Kurort Oberwiesenthal.*

Zur Kommunalwahl am 23. Mai 1999 hatte ich mich dann auf Grund der aus meiner Sicht egoistischen und selbstherrlichen Arbeit einiger Stadträte nicht mehr aufstellen lassen. Mir waren Zeit und Aufwand zu schade, um sich ehrenamtlich für unsere Stadt einzubringen.

Im September 1994 bezog unsere Familie das neu erbaute Haus, in dem ich auch eine Ferienwohnung mit eingerichtet hatte. Um in eine Werbung zur Vermittlung unserer Ferienwohnung zu gehen, nahm ich im Jahr 2000 an der Veranstaltung teil, auf der sich der neu gegründete „Tourismusverein

Kurort Oberwiesenthal" (TVKO) vorstellte. Der Versammlungsleiter erklärte das Prinzip eines Internetportals, an dem sich alle für den Tourismus zur Verfügung stehenden Vermieter mit beteiligen sollten. Ich fragte den Veranstalter nach der Form der Darstellungen in diesem Portal, ob die Werbung nach dem Alphabet, der Bettenanzahl der Vermieter oder im Memory-Verfahren erfolgt. Die Antwort kam prompt, aber sehr zynisch. „Herr Kuhnt, Sie müssen sich nicht mit beteiligen, richten Sie sich ein eigenes Portal ein." Ich hatte von diesem Herrn auch keine andere Antwort erwartet. Daraufhin verließ ich die Veranstaltung und überlegte mir, wie ich meine Ferienwohnung bewerben kann. Wenige Tage später besuchte mich Mirko Ernst aus Oberwiesenthal mit dem Angebot, dass er einen Verein gründen möchte, über den sich Vermieter mit ihren Unterkünften im Internet präsentieren können. Ich fand die Idee gut und beteiligte mich an der Gründung des „Fremdenverkehrs- und Heimatvereins Kurort Oberwiesenthal e.V.". Obwohl es für einen Ort nicht gut ist, sich für den Fremdenverkehr mit zwei Anbietern zu präsentieren, gab es für mich keine andere Möglichkeit, als in diesem Verein mitzuarbeiten. Über diesen Verein organisierten wir auch vielfältige Veranstaltungen für die Einwohner und Gäste von Oberwiesenthal, z. B. nach der Wintersaison eine Müllsammlung im Skigebiet, Osterwanderungen mit Familien, bei denen manchmal die Kinder ihre Ostereier im Schnee suchen mussten. Auch Kräuterwanderungen mit unserem Kräuterweibel Christl Stolle wurden durchgeführt. Das anschließende Kochen von Gerichten mit Kräutern fand in freier Natur statt.

Zum Programm des Vereins gehörten auch Sport und Spiel mit den Kindern sowie die Präsentation erzgebirgischer Volkskunst. Mirko Ernst, unser Vereinsvorsitzender, richtete ein Internetportal zur Vermittlung von Gästeunterkünften ein.

Bild 076/*Hier werden aus Kräutern Speisen zubereitet. Rechts, sitzend, unser Oberwiesenthaler Kräuterweibel Christl Stolle.*

In Vorbereitung der Kommunalwahl am 13. Juni 2004 sprach mich mein Nachbar, der FDP-Stadtrat Kurt Iling, mit der Bitte an, wieder als Stadtrat mitzuarbeiten. Ich bat um Bedenkzeit. Wenige Tage später sprach mich unser Vereinsvorsitzender Mirko Ernst zum gleichen Thema an. Er meinte, in Oberwiesenthal herrsche eine finanzielle Notlage. Ich erklärte ihm, dass ich in den ersten 9 Jahren als Stadtrat in der Opposition genug erlebt hatte und Gleiches nicht nochmal durchmachen möchte. Er versuchte, mich zu überzeugen, da ich mich doch in der Kommunalpolitik sehr gut auskenne und das wäre von großer Wichtigkeit. Meine Erwiderung war: „Nochmal nur Opposition stehe ich nicht durch und meiner Familie tue ich das nicht an.“ Er meinte: „Wir werden die Wahl gewinnen.“ In Oberwiesenthal hätte er sich umgehört und vernommen, dass der größte Teil der Bevölkerung die jetzige Politik satt habe. Am schlimmsten hatte es die Einwohner getroffen, als der Stadtrat mehrheitlich die Grund- und Mittelschule aus Geldmangel geschlossen und das Objekt zum Verkauf ausgeschrieben hatte. Sicher stimmten die Zahlen im schulischen Bereich nicht mehr, aber eine Grundschule hätten wir weiterbetreiben können. Auch hatten es die Bürger satt, jährlich Steuererhöhungen hinnehmen zu müssen. Die Straßenbeleuchtung wurde aus Geldmangel nachts abgeschaltet. Es war gespenstisch, abends durch den Ort zu gehen. Lange habe ich darüber nachgedacht, noch einmal als Stadtrat mitzuarbeiten. Mein Entschluss war, nur für diese eine Legislaturperiode. Wenn wir in dieser Zeit etwas Positives erreichten, war ich auch gewillt, in der Zukunft weiter im Interesse unserer Stadt Verantwortung zu übernehmen.

Wir stellten ein starkes Team auf und erarbeiteten ein Programm, wie wir unsere Stadt aus der Misere herausholen können. Alle neuen Kandidaten waren parteilos und wir stellten uns auf der Liste des einzigen FDP-Mitgliedes Kurt Illing auf. Gespannt warteten wir am Wahlabend auf das Ergebnis. Als es im Rathaus bekannt gegeben wurde, konnten wir es nicht fassen: Die FDP erreichte 47,5 %. Jetzt war der Weg frei für Veränderungen. Die zwei Stadträte der „Bürger von Wiesenthal e.V." kamen auf uns zu und wollten mit uns gemeinsam einen neuen und besseren Weg einschlagen. Nun hatten wir 10 von 16 Sitzen. Bei der konstituierenden Stadtratssitzung wurde Mirko Ernst zum ersten stellvertretenden Bürgermeister gewählt. Danach begannen die Wahlen in die einzelnen Ausschüsse. Ich erklärte mich bereit, im Verwaltungsausschuss, Technischen Ausschuss und im Ausschuss Tourismus und Sport mitzuarbeiten. Auch in dem Aufsichtsrat der neu gestalteten stadteigenen „Fichtelberg Schwebebahn Kurort Oberwiesenthal – FSB GmbH" wurde ich Mitglied. Ich wurde von unserer Fraktionsgemeinschaft zum Vorsitzenden gewählt. Vor jeder Stadtratssitzung lud ich unsere Fraktionsgemeinschaft ein, um die anstehenden Tagesordnungspunkte zu diskutieren und somit gut vorbereitet in die Stadtratssitzungen zu gehen. Unsere erste Amtshandlung war die Einsichtnahme in den aktuellen Haushalt. Es war erschreckend, was wir da zur Kenntnis nehmen mussten. Trotz guter Einnahmen durch die Kurtaxe hatte die Stadt ein Defizit von über 6 Millionen Euro. Die Pro-Kopf-Verschuldung bei den nunmehr rund 2.600 Einwohnern lag über 1 T Euro. Das war das Ergebnis einer miserablen Finanzwirtschaft unter der Führung des damaligen Bürgermeisters. Diese Schulden resultierten maßgeblich aus Verträgen mit einem

Verein, dem für 20 Jahre unter anderem die gesamte Kurtaxe überwiesen werden sollte. Die Kurtaxe bewegte sich jährlich in einem mittleren sechsstelligen Bereich. Hatte das Geld für die nötigen Aufwendungen des Vereins nicht ausgereicht, hatte die Stadt die Defizite über Jahre hinweg aus ihrem Haushalt ausgeglichen. Dazu kamen noch die Parkplatzgebühren, von denen ein geringer fünfstelliger Bereich an die Stadt abgeführt werden sollte. Das war jedoch zu großen Teilen ausgeblieben. Der „Fichtelberg Schwebebahn Kurort Oberwiesenthal – FSB GmbH" war eine „Instandhaltung- und Verwaltungsgesellschaft mbH" (IVG mbH) angegliedert. Auch hier waren Schulden gemacht wurden, so dass die ohnehin schon hochverschuldete Stadt mit Krediten zur Abdeckung der Betriebskosten ihrer eigenen Gesellschaft über viele Jahre jeweils bis zum Beginn der Wintersaison mit einer mittleren sechsstelligen Summe hatte aushelfen müssen. All diese Dinge waren ein Teil der Ursache für die jahrelange Anhäufung von Schulden. Eine unserer ersten Amtshandlungen im Aufsichtsrat und im Stadtrat war, die „Instandhaltung- und Verwaltungsgesellschaft mbH" mit der „Fichtelberg Schwebebahn Kurort Oberwiesenthal – FSB GmbH" zu verschmelzen. Danach wurden die zwei Geschäftsführer von ihren Aufgaben entbunden und die Stelle eines neuen Geschäftsführers für die „Fichtelberg Schwebebahn Kurort Oberwiesenthal – FSB GmbH" ausgeschrieben. Danach begann die Sanierung dieser GmbH. Mit Beginn der Sanierung stand die „Fichtelberg Schwebebahn Kurort Oberwiesenthal – FSB GmbH" im Bankenranking auf Note 6. Wenige Jahre später wurde im Bankenranking die Note 1 erreicht. Das alles ohne die Bürger mit zusätzlichen Gebühren laut dem Kommunalen Abgabengesetz (KAG) zu belasten.

Als Fraktionsvorsitzender habe ich gemeinsam mit unserem 1. Stellv. Bürgermeister Mirko Ernst überlegt, wie wir die Stadt aus den Schulden bringen, ohne die Bürger zu belasten. Dazu brauchten wir aufgrund der komplizierten Rechtslage überörtliche Hilfe. Unser FDP-Mitglied gab mir eine Telefonnummer von einem Juristen aus dem sächsischen Landtag. Ich versuchte, einen Termin zu bekommen und bekam als erstes die Frage nach meiner Mitgliedsnummer. Hier musste ich passen. Somit hatten wir über die FDP keinen Erfolg. Nun beratschlagten wir beide aufs Neue, wie wir weitermachen. Unser Entschluss stand fest: Wir beide werden Mitglied der FDP. Erneut suchte ich den Kontakt und wir bekamen sofort einen Termin im sächsischen Landtag. Gemeinsam nahmen wir die von uns ausgearbeiteten Unterlagen mit und schilderten der Büroleiterin des Rechtsanwalts und Landtagsabgeordneten die Probleme von Oberwiesenthal. Die Büroleiterin konnte nicht fassen, was sich hier für ein Sumpf auftat. Wir bekamen die Empfehlung, die gesammelten Werke zu ordnen und alles, was wir noch herausfinden können, zusammenzufassen, um dann die gesamten Unterlagen der Antikorruptionseinheit in Dresden zu übergeben. In unserer Fraktion arbeiteten wir gemeinsam alles auf, was sich mit öffentlichen Geldern in Kurort Oberwiesenthal abgespielt hatte. Mit dem gesammelten Werk begaben wir zwei uns nach Dresden, schilderten unser Anliegen und baten um Unterstützung bei der Antikorruptionseinheit. Der Staatsanwalt nahm den Ordner dankend entgegen und führte mit uns nur ein Gespräch. Im Anschluss sicherte er uns zu, sich damit zu beschäftigen. Sollte etwas Wahres daran sein, übergebe er dieses Werk dem Generalstaatsanwalt. Sollten wir in den nächsten 6 Wochen nichts davon hören, werde die Angelegenheit über die Antikorruptionseinheit weiterverfolgt. Ansonsten bliebe uns nur die Möglichkeit, zivilrechtlich vorzugehen. Jetzt mussten wir Geduld aufbringen und konzentrierten uns voll auf unsere Arbeit als Stadträte. Nach wenigen Wochen fuhren mehrere Autos an den verschiedenen Objekten in der Stadt vor, beschlagnahmten Unterlagen, Computer und führten Hausdurchsuchungen durch. Danach unterstellte man uns in den Medien, eine Anzeige gegen den Verein erstattet zu haben. Das entsprach nicht der Wahrheit. Wir hatten lediglich um Hilfe bei der Antikorruptionseinheit gebeten. In Folge dieser aktiven Arbeit wurde ich im August 2006 zum neuen FDP-Ortsgruppenvorsitzenden der Stadt Kurort Oberwiesenthal und der Gemeinde Bärenstein gewählt.

Am 24. Februar 2007 wurde der Bürgermeister Heinz-Michael Kirsten vom Chemnitzer Regierungspräsident Karl Noltze beurlaubt. Hintergrund für diese Entscheidung waren die laut dem Regierungspräsidium fortlaufenden Dienstpflichtverletzungen von Kirsten.

Unter ***https://www.saechsische.de › oberwiesenthal-buergermeister*** ist das nachzulesen.

Nach der Beurlaubung des Bürgermeisters war nun der Weg frei für Neuwahlen, welche am 4. November 2007 stattfanden. Da Mirko Ernst nicht die erforderliche Mehrheit bekam, gab es am 18. November einen zweiten Wahlgang. Dieser war erfolgreich und wir hatten einen neuen Bürgermeister, wie ich ihn mir gewünscht hatte.

Bild 077/*2007 war die Wahl zum Bürgermeister von Mirko Ernst erfolgreich. Ich beglückwünschte ihn zu seiner zukünftigen und verantwortungsvollen Tätigkeit.*

Jetzt war ich stolz, wieder etwas erreicht zu haben, was den Bürgern von Oberwiesenthal zugutekommen wird. Von diesem Tag an begann die fundierte Sanierung unseres Haushaltes. Es wurden noch viele undurchsichtige Angelegenheiten aufgedeckt, auf die ich nicht detailliert eingehen möchte. Erwähnen möchte ich jedoch noch, dass wir keinen Zwangsverwalter benötigten, obwohl es die Rechtsaufsichtsbehörde des Landratsamtes Annaberg-Buchholz gefordert hatte. Die Verträge, die mit einem Verein abgeschlossen worden waren, wurden aufgelöst. Nun hatten wir wieder Spielraum für die Werterhaltung und für Neuinvestitionen im touristischen und infrastrukturellen Bereich. Trotz neuer Investitionen im Zeitraum von 2007 bis 2019 von rund 30 Millionen Euro bauten wir zusätzlich die rund 6 Millionen Euro Schulden ab. Aufgeschlüsselt auf die derzeit 2051 Einwohner der Stadt haben wir so durchschnittlich 1000 Euro pro Kopf und Jahr investiert. Im Gegenzug ging die Pro-Kopf-Verschuldung fast gegen null. Zu Beginn der Pandemie verfügte die Stadt über eine Liquiditätsreserve von reichlich 1,7 Millionen Euro. Aufgrund der Haushaltslage sind wir in den vergangenen beiden Jahren sogar als abundante Kommune eingestuft worden – also als ein Ort, dessen Finanzkraft höher ist als sein Finanzbedarf ***(Freie Presse vom 11.12.2021)***. Mit dem neuen Geschäftsführer der FSB GmbH begann nun die Sanierung des desolaten Haushaltes. Im Aufsichtsrat überlegten wir, wie die Sanierung gelingen kann. Die Ideen des neuen Geschäftsführers begeisterten uns und so konnten wir dem nur zustimmen.

Im Oktober 2007 wurde ich zum wiederholten Mal von einem Beherbergungsunternehmer provoziert. In einer Stadtratssitzung sollte mit dem besagten Beherbergungsunternehmer über einen Pachtvertrag eines städtischen Parkplatzes beraten werden. Er sollte für dessen Gäste von ihm bewirtschaftet werden. Ich lehnte das mit der Begründung ab, dass bei dem derzeitigen Haushalt diese Einnahmen der Stadt zugutekommen müssen. Als ich eines Abends von meiner beruflichen Tätigkeit nach Hause kam, hatte dieser Unternehmer seine Promotion-Feuerwehr vor meine Grundstückseinfahrt gestellt.

In der Hoffnung, dass ich das Fahrzeug wegfahre, hatte er den Zündschlüssel stecken lassen. Ich informierte jedoch die Polizei und es dauerte gar nicht lange, bis Bedienstete vor Ort waren. Um eine einstweilige Verfügung vorzunehmen, sollte ich einen Anwalt kontaktieren. Auf Bitte des Anwaltes sollte ich eine Anzeige gegen diese Person einreichen und ihm ein entsprechendes Foto von meiner Grundstückseinfahrt zuschicken. Am nächsten Tag war das Fahrzeug verschwunden und das darauffolgende Verfahren ergab: Der Fahrer musste 600 Euro und der Unternehmer ebenfalls 600 Euro für einen gemeinnützigen Zweck überweisen. Vor diesem Herrn hatte ich in Zukunft Ruhe.

***Bild 078/**Die Promotion-Feuerwehr eines Beherbergungsunternehmers vor meiner Grundstückseinfahrt.*

Am 2. Februar 2008 wurde ich auf dem Kreisverbandsparteitag der „FDP-ERZ" in den Vorstand gewählt. Für mich war es wichtig, an der Gestaltung unseres Landkreises mitwirken zu können. Auch habe ich dabei für die Zukunft unserer Stadt eine Verbindung zur großen Politik gesehen. Das ist mir auch gut gelungen. Von mir nach Oberwiesenthal eingeladene Landes- oder Bundespolitiker, alle wurden über die außerordentliche Bedeutung des Tourismus für unseren Ort informiert, um somit klar darzustellen, dass wir als höchstgelegene Stadt Deutschlands unter ganz anderen Bedingungen in der Infrastruktur zuarbeiten haben als andere Kommunen. Besonders betraf das immer wieder den Winter.

Im Oktober 2012 bekam ich vom Bundestagsabgeordneten Heinz-Peter Haustein per E-Mail eine Anfrage, ob wir für den

Leistungssport zusätzliches Geld benötigen. Er war beim Finanzminister Wolfgang Schäuble im Haushaltsausschuss des Deutschen Bundestages und informierte mich, dass für solche Zwecke noch Gelder vorhanden seien. Ich zögerte keine Minute, um ihm mitzuteilen, dass Gelder für unseren Sport ein Segen wären. Es dauerte nicht lange und ich bekam persönlich einen Haushaltsauszug aus dem Bundeshaushalt mit einer Summe von 160 T EURO für das Leistungssportzentrum in Oberwiesenthal. Nun galt es, bis zum 31. Dezember 2012 dem Finanzministerium einen Vorschlag zu unterbreiten, wie wir das Geld einsetzen wollen. Ich organisierte mit dem Bürgermeister ein Treffen beim Vorstandsvorsitzenden des WSC Erzgebirge Oberwiesenthal e.V. (WSCERZ). Er hörte sich die Angelegenheit an und war der Meinung, dass das ein Flop sei. Obwohl ich ihm den Haushaltsauszug aus dem Deutschen Bundestag zeigte, wollte er immer noch nicht darauf eingehen. Er war der Meinung, dass ich als Kommunalpolitiker nie und nimmer im Deutschen Bundestag für so eine Angelegenheit Zugang hätte. Ich bat den Vizepräsidenten des sächsischen Landtages Prof. Dr. Andreas Schmalfuß nach Oberwiesenthal und organisierte einen neuen Termin beim Vorstandsvorsitzenden vom WSC Erzgebirge.

Bild 079/*Interessante Gesprächsrunde mit dem Trainer der Nordisch Kombinierten, 2. von rechts. Rechts der Vorstandsvorsitzende vom WSC Erzgebirge, in der Mitte der Prof. Dr. Andreas Schmalfuß und links der BM Mirko Ernst.*

Endlich hatte es der Vorstandsvorsitzende vom WSC Erzgebirge eingesehen und versprach uns, so schnell wie möglich ein Konzept zu erstellen. Wir betonten noch einmal, dass die Mittel zur Unterstützung der Jugendarbeit eingesetzt werden sollten. Dann kam das Konzept vom WSC Erzgebirge. Es sah vor, Kunstschneecontainer im Wert von rund 120 T EURO zu kaufen. Das war nicht in unserem Interesse. Am Jahresende erfuhr ich, dass der WSC 8 T EURO abgerufen hatte. Ich weiß nicht für welchen Zweck. Die anderen 152 TEURO sind bis zum Jahresende nicht abgerufen worden und somit verfallen.

In der Martin-Luther-Kirche gab es von 2010 bis 2019 einige große Investitionen, für die ich mich stark einsetzte. Mit insgesamt 70.600 Euro hat sich die Stadt an den Investitionen beteiligt. Als Erstes stand die Restaurierung der Bärmig-Orgel auf dem Programm. Dazu besuchten der Bürgermeister, das Vorstandsmitglied Rolf Armann und weitere Mitglieder vom Förderkreis und ich die Firma Wüning in Großolbersdorf.

Bild 080/*Der Besuch in der Orgelbaufirma Wünning in Großolbersdorf, Sachsen. Links der Oberwiesenthaler Bürgermeister, in der Mitte der Geschäftsführer und rechts ein Mitglied vom Oberwiesenthaler Kirchenvorstand.*

Weiterhin wurden die 3 gusseisernen Glocken durch in der Glockengießerei Grassmayer in Innsbruck hergestellte Bronzeglocken ersetzt. Gemeinsam mit dem Bürgermeister und Bundestagsabgeordneten Heinz-Peter Haustein begleitete ich am 16. September 2013 den Transport der neuen Glocken mit der Fichtelbergbahn von Cranzahl bis nach Oberwiesenthal. Das war ein einmaliges Erlebnis, an dem nicht jeder in seinem Leben teilhaben kann. Bei Eigenleistungen für die Arbeiten zum Schutz der Grundmauern der Kirche gegen Feuchtigkeit sowie bei Malerarbeiten im Gemeindehaus war es selbstverständlich, mich einzubringen.

Bild 081*/An Arbeitseinsätzen auf dem Gelände der Martin-Luther-Kirche habe ich mich sehr oft regebeteiligt.*

Als Mitglied im Förderkreis der Kirche habe ich jährlich 60 Euro von meinen Sitzungsgeldern als Stadtrat gespendet.

Im Januar 2013 hatte ich weitere zwei FDP-Landtagsabgeordnete eingeladen, um ihnen die Arbeit unserer Bergwacht vorzustellen. Hierbei handelte es sich ausschließlich um die Notwendigkeit der Erweiterung des Gebäudes.

Bild 082/*Das Gebäude der Bergwacht von Kurort Oberwiesenthal.*

Auf Grund von immer neueren Vorschriften und erforderlicher Technik war die derzeitige Gebäudesubstanz nicht mehr vertretbar. Die Landtagsabgeordneten sprachen von einer Investition von rund 200 TEURO und sicherten den Kameradinnen und Kameraden zu, im nächsten sächsischen Haushalt diese Summe einzustellen. Leider haben sie das nicht umgesetzt. Der Grund wurde mir verschwiegen.

Für den 19. März 2013 hatte ich den Vizepräsidenten des sächsischen Landtags, Prof. Dr. Andreas Schmalfuß, für einen Tag nach Oberwiesenthal eingeladen. Wir besuchten die Schraubenfabrik in Bärenstein, um auch die Industrie des Erzgebirges für politische Entscheidungen im sächsischen Landtag bekannter zu machen.

Bild 083/*Gespräche mit sächsischen Landtagsabgeordneten im Gebäude der Bergwacht.*

Bild 084/*Der Besuch in der Schraubenfabrik Bärenstein (Erzgebirge). In der Mitte der Vizepräsident des sächsischen Landtags, Prof. Dr. Andreas Schmalfuß. Links von ihm der Bürgermeister aus Bärenstein, Bernd Schlegel, und der zweite von ganz rechts ist der Bürgermeister, Mirko Ernst. Alle anderen Personen sind Mitglieder der Geschäftsleitung.*

Als Nächstes besuchten wir die Eliteschule des Wintersports im Kurort Oberwiesenthal, wo der Vizepräsident mit Schülern der 9. Klassen eine Podiumsdiskussion durchführte.

Bild 085/*Podiumsdiskussion mit dem Vizepräsidenten des sächsischen Landtags Prof. Dr. Andreas Schmalfuß in zwei 9. Klassen der Eliteschule des Wintersports von Oberwiesenthal.*

Er ging auf alle Fragen ein, die ihm die Schüler zu seiner Arbeit stellten. Zum Schluss gaben mir die anwesenden Pädagogen zu verstehen, dass das eine tolle Sache war, die wir jährlich wiederholen sollten. Somit könne sich die Schule die jährlichen Exkursionen in den Landtag sparen. Leider bestand seitens der Schulleitung kein Interesse an weiteren derartigen Veranstaltungen, was mir persönlich sehr leid tut. Mit Prof. Dr. Andreas Schmalfuß besuchten wir auch das Ahorn-Hotel (ehemals FDGB-Ferienheim) in Oberwiesenthal, durch welches uns der Geschäftsführer persönlich führte. Schwerpunkt der anschließenden Diskussionen mit dem Geschäftsführer war die Bedeutung des Tourismus und der Beherbergungsbetriebe für die Stadt. Der Vizepräsident nahm sich den ganzen Tag Zeit, um mit verantwortungsvollen Personen interessante Gespräche zu führen. Den Bundestagsabgeordneten Heinz-Peter Haustein hatten wir vor Ort, um über das Thema Finanzen zu sprechen. Zum Thema Brandschutz war ein FDP-Landtagsabgeordneter aus Dresden in Oberwiesenthal da, um sich vom Kreisbrandmeister und den Kameraden der Freiwilligen Feuerwehr zum Thema der Errichtung eines neuen Gerätehauses informieren zu lassen.

Im gleichen Jahr 2013 beteiligte sich unsere FDP-Stadtrats-Fraktion an einem bundesweiten Wettbewerb für das „Gläserne Rathaus". Am 18. Oktober 2013 erhielten wir eine Einladung in das Thomas-Dehler-Haus der FDP-Bundeszentrale nach Berlin. Gemeinsam mit dem 2. Stellv. der Fraktionsgemeinschaft Karl-Ludwig Taulin und dem Bürgermeister Mirko Ernst fuhren wir nach Berlin. Hier wurde unsere Fraktion für die hervorragende Arbeit bei der Haushaltkonsolidierung mit dem 2. Platz ausgezeichnet. Sieger war die FDP-Stadtrats-Fraktion aus Mannheim und hinter uns auf Platz 3 der FDP-Ortsverband aus Suhl. Das war wiederum ein riesiger Erfolg, der uns aber gleichzeitig zu neuen Aufgaben verpflichtete.

***Bild 086**/Links stehe ich. Neben mir der Bürgermeister Mirko Ernst und Herr Detee, Vorsitzender der VLK.*

Urkunde

Kommunalpolitikerpreis „Das liberale Rathaus" 2013

Die Vereinigung Liberaler Kommunalpolitiker verleiht
gemeinsam mit der Freien Demokratischen Partei und
der Zeitschrift „das rathaus"

der FDP-Fraktion im Stadtrat
des Luftkurortes Oberwiesenthal

den

2. Preis

für ihre vorbildhafte Haushaltspolitik. Sie beweist, dass Investitionen in die kommunale Infrastruktur bei gleichzeitiger Konsolidierung der städtischen Finanzen zwei Seiten derselben Medaille sind. Das ist der richtige Weg, um eine Stärkung der Kommunen zu erreichen.

Bild 087

Anfang September 2014 erhielt ich eine Einladung aus der sächsischen Staatskanzlei zu einer Festveranstaltung anlässlich des 25. Jahrestages der friedlichen Revolution. Sie fand am 9. Oktober 2014 im Gewandhaus Leipzig statt. Der Saal war bis auf den letzten Platz gefüllt. Als der Bundespräsident Joachim Gauck und die Bundeskanzlerin Angela Merkel den Saal betraten, wurden sie mit großem Applaus begrüßt. Danach spielte das Gewandhausorchester unter Leitung des Gewandhauskapellmeisters Kurt Masur die deutsche Nationalhymne. Alle Gäste standen auf und sangen mit. Im Anschluss würdigte der Bundespräsident die Friedliche Revolution und dankte allen mutigen Bürgern der DDR für deren Standhaftigkeit. Weitere Redner waren Personen, die im Herbst 1989 zu friedlichen Demonstrationen in der DDR aufgerufen hatten.

Auf dem Kreisparteitag der FDP Erzgebirge am 16. April 2016 im „Panorama-Hotel" von Oberwiesenthal wurde ich mit großer Mehrheit zum 1. stellv. Kreisvorsitzenden gewählt. Diese neue verantwortungsvolle Aufgabe, der ich viel meiner Freizeit widmete, bereitete mir ebenfalls große Freude. Ich besuchte viele Ortsverbände, um bei deren Veranstaltungen zu erfahren, wo es Probleme gibt. Ob nach Chemnitz, Schneeberg oder bis nach Seifen führten meine Wege. In den vielen interessanten Gesprächen musste ich auch immer Rede und Antwort stehen, was und wie wir alles in Oberwiesenthal erreicht und organisiert haben. Gemeinsam mit dem Kreisvorsitzenden Heiko Schmuck starteten wir im Juli 2017 eine Kampagne wegen des schlechten Funknetzes im Erzgebirge. Wir fuhren mit unseren PKWs Strecken ab und testeten die Möglichkeit, mit dem Handy zu telefonieren. Schon bald mussten wir feststellen, dass es unmöglich war, überall eine gute Funkverbindung zu bekommen. Im Netz starteten wir einen Aufruf „Funklochmelder". In kurzer Zeit gingen über 700 Meldungen zu 550 Funklöchern ein. Das bewegte uns, einen Digitalgipfel zu organisieren. Am 20.Juni 2018 fand eine Podiumsdiskussion im Gründerzentrum Annaberg-Buchholz statt. Den Bundestagsabgeordneten Torsten Herbst luden wir ein, um diese Podiumsdiskussion zu moderieren. Außerdem waren unserer Einladung gefolgt: Hans-Jürgen Rosch, Senior Manager Public Affairs Region Ost von Vodafone, Udo Harbers, Deutsche Telekom AG, Politische Interessenvertretung zur Regulierung der Bundesländer und Holger Vorberg, Sachgebietsleiter SG Kreisplanung/Kreisentwicklung. Wir erweckten riesiges Interesse bei Rundfunk und Fernsehen. Ein größerer Beitrag lief auf ARD und im MDR unter „Exakt–So leben wir". Die Liste mit den Funklöchern schickte der Kreisvorsitzende an die Wirtschaftsministerien nach Berlin und Dresden. Es folgten Gespräche im sächsischen Wirtschaftsministerium und schon bald wurde das Thema im Deutschen Bundestag aufgegriffen.

Von 2010 bis 2018 nahm ich 14 Mal als Delegierter an den FDP-Landesparteitagen teil. Im August 2017 wurde ich durch das altersbedingte Ausscheiden des 1. stellv. Bürgermeisters Wolfgang Drechsler zum neuen 1. stellvertretenden Bürgermeister des Kurortes Oberwiesenthal gewählt. Ich empfand es als große Ehre, dass ich den Bürgermeister bei Abwesenheit vertreten durfte. Da der Bürgermeister im Urlaub war, vertrat ich ihn zum Beispiel bei den Baumaßnahmen zur Vorbereitung der Juniorenweltmeisterschaft in den Nordischen Skidisziplinen im Februar 2020.

Den FDP-Bundestagsabgeordneten Frank Müller-Rosentritt hatte ich eingeladen, um mit ihm und unserem Bürgermeister über das Thema Sportstättenförderung zu diskutieren. Am 02. Mai 2018 folgte er meiner Einladung. Nach einem Rundgang in unserem Museumsobjekt „Wiesenthaler K3“ folgten interessante Gespräche über seine Tätigkeit im Deutschen Bundestag. Anschließend besuchten wir den Lokschuppen der Fichtelbergbahn, wobei wir während eines Rundgangs durch alle Werkstätten von einem Mitarbeiter über die Bedeutung dieses Objektes informiert wurden.

Bild 088/*Der Bundestagsabgeordnete Frank Müller-Rosentritt im Lokschuppen der Fichtelbergbahn in Oberwiesenthal.*

Bild Sprungschanze K95

Am Nachmittag ging es auf die Sprungschanze K 95 *(nachgereichte Bild von Heiko Schmuck).* Unser Gast setzte sich auf dem Anlaufturm auf die oberste Treppe und hier begannen wir mit der Diskussion zum Thema Sportstättenförderung. Der Bürgermeister erklärte ihm, dass wir über den DSV seit mehreren Jahren von Bund und Land konstant 82T EURO für die Schanzenanlage bekommen. In den vergangenen Jahren waren die Betriebskosten auf Grund von Modernisierungsmaßnahmen weit über das Doppelte der Förderung gestiegen. Der Bundestagsabgeordnete sicherte uns zu, das Thema in einer der nächsten FDP-Fraktionssitzungen im Deutschen Bundestag auf die Agenda zu nehmen. Zwei Jahre später habe ich erfahren, dass in ganz Deutschland die Sportstättenförderung neu bewertet wurde. Für Oberwiesenthal wurden die 82T EURO auf 148T EURO aufgestockt. Das kann man nur erreichen, wenn man sich aktiv in der Kommunalpolitik einbringt.

Ein weiteres großartiges Erlebnis war für mich am 27. Juli 2018 die Teilnahme an den Veranstaltungen anlässlich des

20. Jahrestages des griechischen Konsulats in Dresden. Die Einladung erhielt ich über den FDP-Kreisvorstand Erzgebirge. Jeder Gast erhielt ein Namensschild, auf dem auch die Funktion ausgewiesen war, z. B. bei mir: 1.stellvertretender Bürgermeister Kurort Oberwiesenthal. Ich konnte tolle Gespräche mit Partnern aus Politik und Wirtschaft führen und mit ihnen Informationen über kommunalpolitische Arbeit austauschen. Nach vielen Gesprächen mussten sich alle geladenen Gäste zu einem Spalier aufstellen, durch welches der Konsul die Reihen abschritt, indem er jeden begrüßte und sich für das Kommen bedankte. Er las auch mein Schild und begrüßte mich als stellv. Bürgermeister. Ich gratulierte ihm zum 20. Jahrestag des Konsulats in Dresden und sprach ihm noch die besten Glückwünsche zum Erfolg der griechischen Fußballnationalmannschaft bei der Weltmeisterschaft in Russland aus, bei der die Mannschaft aus Griechenland im Endspiel gegen Frankreich zwar 2:4 verloren, aber immerhin den Vizeweltmeistertitel errungen hatte. Er schaute mich mit einem Lächeln an und antwortete: „Das habe ich heute nicht erwartet." Umso mehr dankte er mir für die Glückwünsche.

Seit Jahren war der Stadtrat bestrebt, im Kurort Oberwiesenthal wieder eine Schule zu eröffnen. Es sollte eine grenzübergreifende Ganztagsschule werden. Gemeinsam mit dem Bürgermeister besuchte ich viele freie Träger, um für die Wiedereinrichtung des noch bestehenden Schulgebäudes zu werben. Außerdem luden wir verschiedene Träger ein, um ihnen das Objekt vorzustellen. Schon bald hatten wir mit einem freien Schulträger aus Annaberg-Buchholz Erfolg. Es wurde ein Konzept erstellt, das dem freien Träger gefiel. Für den Anbau, der ehemals die Grundschule beherbergt hatte, stellten wir ein Konzept für altersgerechtes und betreutes Wohnen vor. In freiwilligen Stunden bereiteten wir das Gebäude vor, in dem noch viele Gegenstände für unser Museum eingelagert waren. Die Geschäftsleitung des Trägers besichtigte das Objekt und war voller Lob. Hier richten wir wieder eine Grund- und Mittelschule als Ganztagsschule und ein Objekt für betreutes Wohnen ein, war das Ergebnis. Es sollten Kinder und ältere Menschen gemeinsam und miteinander davon profitieren. Die Zahlen der Schulanfänger sprachen dafür. Durch die zur Tschechischen Republik grenzübergreifende Kindertagesstätte im Kurort Oberwiesenthal war das Potenzial vorhanden und auch die Nachbargemeinden waren davon begeistert. Im Stadtrat und unter der Bevölkerung begannen die Diskussionen, ob es Sinn ergibt, dafür Geld auszugeben. Der freie Träger investierte aus eigener Tasche schon allerhand Geld, da man überzeugt war, das Schulobjekt wieder mit Leben erfüllen zu können.

An einem „Tag der offenen Tür" wurde der Bevölkerung gezeigt, was hier einmal entstehen kann. Wir hatten im Haushalt 180 T Euro eingestellt. Als das Datum für den „Tag der offenen Tür" bekannt gegeben wurde, kamen viele Oberwiesenthaler Eltern, deren Kinder es betraf, um ihrem Unmut Luft zu machen. Ich war erschrocken, als eine Frau, deren Ehemann Ehrenbürger von Oberwiesenthal ist, die Eröffnung einer grenzübergreifenden Schule schlecht redete. Die grenzübergreifende Kindertagesstätte in Kurort Oberwiesenthal wurde durch die Johanniter-Unfall-Hilfe e.V. betrieben. Angestellte waren dagegen, den Hort aus der Kindertagesstätte herauszulösen, was der Verein unterstützte. Zusätzlich gründete sich eine Bürgerinitiative, die eine Unterschriftensammlung durchführte und als Petition der Stadtverwaltung übergab. In einer Stadtratssitzung wurde die Petition diskutiert und mehrheitlich angenommen. Ich habe versucht, allen Stadträten und Gästen die Vorteile einer Ganztagsschule zu erklären. Mein letzter Satz war: „Die beste Investition, die eine Stadt in die Zukunft machen kann, ist die Investition in die Bildung." Danach gab ich auf. Es half nichts. Selbst Eltern, deren Kinder es betraf, hatten die Petition unterschrieben und schickten ihre Kinder lieber mit einem Schulbus in die 10 km entfernte Gemeinde Bärenstein. Damit zog sich der freie Träger zurück und das Thema Grundschule war für unseren herrlichen Kurort Geschichte.

Gemeinsam mit dem Geschäftsführer des Wintersportclub (WSC) Erzgebirge Oberwiesenthal e.V. und dem Bürgermeister von Kurort Oberwiesenthal beteiligte ich mich aktiv an der Vorbereitung zur Juniorenweltmeisterschaft in den Nordischen Skidisziplinen im Februar 2020: angefangen mit der Erarbeitung eines Programmes für Investitionen in die Infrastruktur, insbesondere im Bereich Sportstätten, Straßenbau, Parkplatzsanierungen, Ausbau und Modernisierung der gesamten Schanzenanlage, bis hin zu einem Tunnelbau für Rettungsfahrzeuge und Fußgänger zur Schanzenanlage. Am 7.12.2019 wurde durch den Ministerpräsidenten des Freistaates Sachsen, Herrn Michael Kretschmer, den Landrat des Erzgebirgskreises, Herrn Frank Vogel, und viele weitere prominente Gäste der Rettungstunnel feierlich eröffnet.

Bild 089/*Die Eröffnung des Rettungstunnels zu den Sprungschanzen am Fichtelberg. Von links: Bürgermeister Mirko Ernst, der Ministerpräsident des Freistaat Sachsen, Herr Michael Kretschmer, der Landrat des Erzgebirgskreises, Herr Frank Vogel, und der Landtagsabgeordnete, Herr Rony Wehner.*

Bei der Kommunalwahl im Mai 2019 bekam ich nicht mehr die nötigen Stimmen, um mich weiter für unsere Stadt einzubringen. Eine Bürgerbewegung hatte vor der Wahl ein Programm unter die Bevölkerung gebracht, das die Wähler beeindruckt hatte. Der Tenor im Ort war: Wir brauchen einen Neuanfang. Der Wähler ist nun mal der Souverän und trifft die Entscheidung, wer in den nächsten Jahren den Ort gestalten soll, und das musste ich akzeptieren. Was ich in den vielen Jahren der ehrenamtlichen Mitarbeit in der Politik gelernt habe, ist, dass der Bürger in erster Linie danach urteilt, was für ihn persönlich rausspringt. Wenn nicht in seinem Interesse entschieden wird, so wird eben die jeweilige Person nicht mehr gewählt. Ich möchte in diesem Buch auch erwähnen, dass die Arbeit, die der Bürgermeister Mirko Ernst mit seiner Verwaltung geleistet hat, ihm nicht hoch genug anzurechnen ist. Er hat mich als Fraktionsvorsitzenden immer unterstützt und ich habe mit ihm gemeinsam vieles erreichen können. Das funktionierte aber nur mit den Mitgliedern unserer Fraktion. Hier muss ich Karl-Ludwig Taulin, Heiko Fischer, Mirko Trinks und Gabriele Gropp erwähnen. Ohne sie hätten wir das Niveau des Kurortes Oberwiesenthal bis Mai 2019 nicht erreicht. Voller Stolz kann ich heute auf eine 24 Jahre erfolgreiche Kommunalpolitik zurückblicken.

Seit 1. August 2012 bin ich nun Rentner. Neben meinem politischen Engagement suchte ich noch eine gesellschaftliche Tätigkeit. Schon bald wurde ich angesprochen, bei den „Alten Skifahrern von Wiesenthal“ mitzuwirken.

Bild 090*/Die Traditionsgruppe der „Alten Skifahrer von Wiesenthal“ bei einem Staffelwettkampf im Skilanglauf in Abertamy CZ.*

Da ich selber gern auf die alpinen und Langlaufbretter steige, habe ich zugesagt. Am 12. Oktober 2012 beteiligte ich mich zum ersten Malan einer herbstlichen Wanderung mit anschließender Einkehr im „Neuen Haus“ von Oberwiesenthal. Unterwegs wurde oft Rast gemacht und wir strapazierten unsere Stimmbänder. Im Gasthof „Neues Haus“ eingekehrt, wurden in gastlicher Runde Lieder von unserem Heimatdichter Anton Günter gesungen. Unser Liederrepertoire präsentieren wir bei Weihnachtsfeiern in Hotels und auch auf dem Oberwiesenthaler Weihnachtsmarkt.

Von diesem Tag an war ich ein fester Bestandteil unserer Gruppe. Auch an Sportwettkämpfen in alter Tracht habe ich mich einige Male beteiligt. Beim ersten Nostalgie-Skirennen in Oberwiesenthal habe ich in meiner Altersklasse den 2. Platz belegt, aber durch mehrere Stürze war mein Hintern ganzschön gezeichnet.

Bild 091/*Meine Urkunde zum*
1. Oberwiesenthaler Nostalgie-Skirennen.

Interessant sind die Langlaufwettkämpfe bei unseren Nachbarn in Abertamy in Tschechien. Bei runden Geburtstagen unserer Gruppe arbeiten wir Programme aus und führen sie in gemütlicher Runde vor, wie auch zu meinem 70. Geburtstag im Panorama-Hotel.

Bild 092/*Die Traditionsgruppe der „Alten Skifahrer von Wiesenthal“ zu meinem 70. Geburtstag.*

Im Juni 2018 wurde im Kurort Oberwiesenthal eine offene Europameisterschaft im Bogenschießen durchgeführt. Beim Marsch der Nationen durch unsere Stadt liefen die „Alten Skifahrer“ in der ersten Reihe. An diesem Tag war es sehr heiß. Im Festzelt angekommen, waren wir froh, nach Hause gehen zu können, um unsere Wintersachen abzulegen.

Ein weiteres tolles Erlebnis hatten wir am 28. Februar 2020 im Kurort Oberwiesenthal während der Juniorenweltmeisterschaft in den Nordischen Skidisziplinen. Wir alten Skifahrer teilten uns in drei Gruppen auf und führten bei der Sternwanderung die drei Umzüge an. So etwas erlebt man nicht alle Tage. Meine Frau und ich hatten unsere Enkelin Magdalena Krabel mit, die noch heute von diesem Fest schwärmt.

Bild 093/*Vor dem Marsch der Nationen, anlässlich zur Juniorenweltmeisterschaft in den Nordischen Skidisziplinen. In der Mitte unsere Enkelin Magdalena Krabel.*

Leider ist auch unsere Traditionsgruppedurch die Corona-Pandemie in eine Auszeit versetzt worden. Wir wissen aber auch, dass wir nach erfolgreicher Bekämpfung dieser Pandemie vieles nachholen werden, was uns verwehrt geblieben ist.

So habe ich in meinem Leben doch allerhand erlebt und durchgemacht. Von Geburt an 43 Jahre in einer Diktatur zu leben, war nicht immer leicht, dennoch möchte ich auch diese Zeit in der DDR nicht missen, denn sie hat mich geprägt. Umso schöner ist es für mich, schon über 30 Jahre in einem demokratischen Rechtsstaat mit einer sozialen Struktur zu leben. In der DDR wurde mein Leben von Kindheit an durch den Staat bestimmt. In der Entwicklung meiner Kinder ist mir erst richtig bewusst geworden, wie die Kinder von der Kinderkrippe an systematisch zu sozialistischen Menschen geformt werden sollten. Der DDR-Staat hat seinen Bürgern alle Eigenverantwortung abgenommen. Beim geringsten Vergehen oder Versuchen, staatlichen Entscheidungen zu widersprechen, hatte man mit persönlichen und beruflichen Konsequenzen zu rechnen.

All mein politisches Engagement galt unserer schönen Stadt Kurort Oberwiesenthal. Durch die vielen Aktivitäten habe ich unsere Stadt immer ins Gespräch gebracht und damit auch die nötigen Verbindungen für die Stadtverwaltung aufgebaut. Obwohl ich kein gebürtiger Oberwiesenthaler bin, sondern von den Einheimischen immer als Hergelaufener bezeichnet werde, was aber nie böse gemeint ist, bin ich stolz auf meine jahrelange ehrenamtliche Arbeit für unsere Stadt. Mein größter Wunsch für die Zukunft ist, dass alle zukünftigen Entscheidungsträger sich immer der Sache und nie dem Eigennutz widmen. Über die gesamte Zeit habe ich mit meinem Team etwas bewegt, wofür ich all den Mitstreitern Danke sagen möchte, die sich immer im Interesse unserer Stadt eingesetzt haben. Mein ganz besonderer Dank gilt dabei den Mitgliedern unserer Fraktion. Ich kann heute mit erhobenem Haupt durch unsere schöne Stadt Kurort Oberwiesenthal gehen, bin mir keiner Schuld bewusst, etwas zum Nachteil unserer Stadt beschlossen zu haben oder etwas, was unserer Stadt schadet. Die Geschehnisse in der Kommunalpolitik werde ich weiterhin beobachten und mich bei gegebenem Anlass zum Wohle unserer Stadt einbringen.

Die Zeit seit der politischen Wende 1989 war für mich die beste, die ich erleben durfte. Ich hoffe, dass ich bei guter Gesundheit noch viele glückliche Jahre mit meiner Familie und im Kreise meiner Freunde erleben kann. In unserem neu erbauten Eigenheim, welches wir im September 1994 bezogen haben, werde ich nun mit meiner Frau ein geruhsames Leben führen.

Bild 094/*Unser Haus, in dem ich jetzt meinen so erfolgreichen Lebensweg genießen kann.*

In diesem Sinne möchte ich die Aufzeichnungen zu meinem bisherigen Leben beenden und hoffe, dass Sie, liebe Leserin, lieber Leser, aus der Erzählung meines spannenden Lebens etwas für Ihre eigene Orientierung und Entwicklung mitnehmen können.

SCHLUSSWORT

Ein Buch über „Mein Leben als Nachkriegskind“ zu schreiben, war der Vorschlag vieler Freunde. Wenn ich mit meinen Freunden oder Bekannten ins Gespräch über meine Vergangenheit kam, war deren Meinung: „Was du alles erlebt hast, da musst du mal ein Buch darüber schreiben.“ Einer Schulfreundin und ihrem Mann, zu denen ich seit vielen Jahrzehnten eine gute Verbindung habe, erzählte ich von dem Vorschlag meiner Freunde. Sie war sofort davon begeistert und bot sich an, das Lektorat zu übernehmen. Sie hatte schon erfolgreich das Buch ihres Mannes als Lektorin bearbeitet. Nach meinen 24 Jahren als Kommunalpolitiker wurde ich 2019 nicht mehr in den Stadtrat von Kurort Oberwiesenthal gewählt. Ich fand das gut, da sich jetzt junge Menschen der Verantwortung stellen wollten und diese auch übernommen haben. Damit ergab sich für mich mehr Freizeit, sich der Sache zu widmen, ein Buch zu schreiben. Als im Jahr 2020 der Lockdown der Corona-Pandemie unser aller Leben stark einschränkte, war die Zeit gekommen, endlich den Gedanken des Buchschreibens umzusetzen. Ich erstellte mir dafür einen Rahmenplan. Aus meiner Bildersammlung suchte ich Fotos heraus, mit welchen ich die einzelnen Kapitel illustrieren konnte. Dabei habe ich auch im Internet und in verschiedenen Büchern nach Bildern gesucht und die Eigentümer angeschrieben, um Fotos käuflich zu erwerben. Das ist mir zum Teil gelungen. Ich überlegte, wie ich der Reihenfolge nach das Buch in Kapitel aufteile. Nun dachte ich über eine geeignete Einteilung der Inhalte, Anordnung und Überschriften zu den einzelnen Themenkreisen nach. Auf diese Weise entstanden 10 Kapitel. Viele Stunden habe ich gesessen und geschrieben, oft Änderungen vorgenommen und wieder von vorn angefangen. So drang ich immer mehr in meine Vergangenheit ein. Je mehr ich aufschrieb, umso mehr Eifer wurde in mir geweckt. Als ich das Vorwort fertig hatte, schickte ich es meiner Lektorin Petra Klemm. Es dauerte nicht lange, bis ich von ihr folgende Antwort bekam: „Super, gib nicht auf und mach weiter." Von dem Tag an hat mich der Ehrgeiz gepackt und ich habe mich dazu durchgerungen, weiter in meiner Vergangenheit zu recherchieren. Dabei habe ich oft meine Schwester Hannelore in Königswinter angerufen, die ja von 1940 bis Dezember 1946 ihre Kindheit in Lähn verbracht hatte und mir viele Informationen über das Leben meiner Eltern übermitteln konnte. Diese Informationen deckten sich mit den Erinnerungen und Erzählungen meiner Eltern über ihr Leben in Lähn. Angefangen in meinem Elternhaus in den 30er Jahren des vorigen Jahrhunderts habe ich mit meiner Lebensgeschichte nicht nur die Verhältnisse in meiner Familie, sondern gleichzeitig auch mehrere Epochen und Formen der Gesellschaft dargestellt. Möge es damit vor allem der Generation meiner Enkel gelingen, aus der Vergangenheit zu lernen, um die Zukunft zu gestalten. Trotz meiner aktiven gesellschaftlichen Tätigkeit habe ich nie das Familienleben aus den Augen verloren, so dass ich heute ebenso stolz darauf sein kann, was meine Kinder mit ihren Ehepartnern und Kindern bis jetzt in ihrem Leben erreicht haben. Sie sind diejenigen, die mir und meiner Frau soviel zurückgeben, was mit Geld nicht aufzuwiegen ist. Ich würde mich freuen, wenn ich Sie, liebe Leserin, lieber Leser, mit meinen ganz persönlichen Erfahrungen und Erlebnissen begeistern und davon überzeugen konnte, dass man sich in seinem Leben ehrgeizig, überlegt, zielstrebig und unbeirrt mit seiner Persönlichkeit für das Wohl von Familie und Gemeinschaft einsetzen kann, ohne von Dritten beeinflussen zu lassen, wohl aber aus ihren Erfahrungen zu lernen. Zum besseren Verständnis meiner Aufzeichnungen für die nach der Wende Geborenen habe ich einige Worterklärungen angefügt. Für die Unterstützung bei der Textgestaltung möchte ich mich bei Petra Klemm herzlich bedanken. Sie hat mit sehr viel Engagement mein Manuskript mit bearbeitet.

ERKLÄRUNG

zu Begriffen aus der DDR-Zeit

Agronom
Akademisch ausgebildeter Landwirt, Diplom-Landwirt.

Aktivist der sozialistischen Arbeit
Mit dieser Auszeichnung wurden Bürger in der DDR auf Grund von guter beruflicher sowie gesellschaftlicher Tätigkeit geehrt.

BHG
Die Bäuerliche Handelsgenossenschaft hatte die Aufgabe, vorrangig die Landbevölkerung und die landwirtschaftlichen Betriebe (Einzelbauern, Güter und LPGs) sowohl mit verschiedenen Waren des täglichen Bedarfs als auch mit für die Produktion benötigten Materialien zu versorgen.

Brigade
Kleinste Arbeitsgruppe in einem Betrieb, heute vergleichbar mit einem Team.

Brigadier
Leiter einer Brigade, der die Arbeitsverteilung, Leistungserfassung und Prämienverteilung vornahm, die Brigade zur Teilnahme am sozialistischen Wettbewerb mobilisieren und sie durch sein Vorbild auch zu einer sozialistischen Erziehungs- und Arbeitsgemeinschaft machen sollte.

FDGB
Der Freie Deutsche Gewerkschaftsbund war von 1945 bis 1949 der Dachverband von 15 Einzelgewerkschaften. 1949 wurden diese Einzelgewerkschaften in der DDR zum Freien Deut-

schen Gewerkschaftsbund zusammengeführt. In der DDR war es zwingend notwendig, dass jeder in volkseigenen Betrieben Beschäftigte ein Mitglied des FDGB war, ansonsten entfielen verschiedene soziale Vergünstigungen, u. a. die Möglichkeit, in einem FDGB-Ferienheim einen Urlaubsplatz zu bekommen.

FDJ
Die Freie Deutsche Jugend war als kommunistischer Jugendverband der Nachfolger der Pionierorganisation. Für Jugendliche ab 14 Jahren bis zum Eintritt ins Berufsleben wurden im Rahmen der FDJ (politische, allgemeinbildende) Veranstaltungen der Freizeitgestaltung durchgeführt. Wie die Pionierorganisation sollte auch die FDJ parallel zum Elternhaus ein Erziehungssystem der Schule sein.

Gewerkschaftsvertrauensmann
Verantwortlicher Mitarbeiter eines Bereichs für gewerkschaftliche Interessen.

GST
Die Gesellschaft für Sport und Technik war eine paramilitärische Massenorganisation zur Vorbereitung auf den Dienst in den bewaffneten Organen.

Hort
Betreuungsmöglichkeit für Kinder der Klassen 1–4 vor und nach dem Unterricht

IM
Inoffizieller Mitarbeiter, in der DDR-Bevölkerung „Spitzel", „Denunzianten" oder „Kundschafter" genannt. Die IM hatten geheim von ausgewählten Bürgern Informationen über deren Leben und Verhalten an die Staatssicherheit zu liefern.

Kaderleiter
In den Betrieben für die Einstellung und Verwaltung von Personal zuständig (heute Personalchef).

Kampfgruppen
Paramilitärische Organisation von Beschäftigten in DDR-Betrieben zur Unterstützung der NVA

LPG
Landwirtschaftliche Produktionsgenossenschaften wurden ab 1952 zunächst auf freiwilliger Basis durch den Zusammenschluss von Einzelbauern gegründet. Ab Mitte der 50er Jahre begann die Zwangsvereinigung von Bauern, die etwa 1960 abgeschlossen war.

MdI
Ministerium des Innern.

MfS
Ministerium für Staatssicherheit.

Nationale Front
Zusammenschluss der Parteien und Massenorganisationen der DDR zur Einflussnahme auf gesellschaftspolitische Prozesse in der DDR.

Neues Forum
Bürgerbewegung, die während der friedlichen Revolution in der DDR entstand, die Wende wesentlich mitprägte und später in die Partei „Bündnis 90/Die Grünen" überging.

Neuererwesen/Neuererbewegung
Staatlich gelenktes Verfahren zur Produktivitätssteigerung mittels Verbesserungsvorschlägen der Werktätigen aus der Produktion.

Neuerervorschlag
Vorschlag zur Verbesserung von Produktionsablauf, Rationalisierung, Einsparung von Ressourcen in der Produktion.

NVA
Nationale Volksarmee der DDR.

OibE
War die Bezeichnung für Offiziere im besonderen Einsatz der Staatssicherheit. Sie waren Zivilbeschäftigte und parallel dazu hauptamtliche Mitarbeiter des MfS, die unter Verheimlichung ihres tatsächlichen Dienstverhältnisses in sicherheitspolitisch relevanten Positionen in allen Bereichen von Politik und Wirtschaft eingesetzt wurden.

Ortsbauernführer
Diese Funktion gab es bis zum Ende des 2. Weltkrieges.
Er vertrat die Ortsbauernschaft, in der Regel von einem Dorf oder einer Gemeinde, in der er selbst ansässig war. Gleichzeitig war er eine Art stellvertretender Bürgermeister.

Patenbrigade
Sie war das Bindeglied zwischen einer Schulklasse und einem Arbeitskollektiv in sozialistischen Betrieben und Einrichtungen. Hier sollten Kinder mit der Arbeit in der Produktion und dem Leben einer sozialistischen Arbeitsgemeinschaft bekannt gemacht werden. Außerdem organisierte und finanzierte die Patenbrigade Veranstaltungen zur sozialistischen Freizeitgestaltung der Schüler. Verträge bildeten die Basis der Zusammenarbeit.

PGH
Alle Beschäftigten einer Produktionsgenossenschaft des Handwerks waren durch die Einzahlung von 2 Brutto-Monatslöhnen in das Kapital der Genossenschaft Miteigentümer. Am Jahresende wurden 30 % des Nettogewinns für eine Gewinnausschüttung an die Miteigentümer als Jahresendprämie ausgezahlt. Der Reingewinn wurde durch eine Bank des Handwerks verwaltet. Benötigte diese PGH finanzielle Mittel für Investitionen, musste das beim Ministerium für Wirtschaft beantragt werden. Eine PGH musste mindestens 80 % der Dienstleistungen ausführen.

SED
Sozialistische Einheitspartei Deutschlands, 1946 gegründet, marxistisch-leninistische Partei–Staatspartei der DDR.

Treck
Zu einem Treck wurden während und kurz nach dem 2. Weltkrieg Menschen zusammengetrieben, die aus ihrem Wohnort zu Fuß und weiter mit der Bahn vertrieben wurden. Wohin es ging, wusste keiner. Der Transport mit der Bahn erfolgte in Viehwaggons bis an den vorgeschriebenen Ort.

VEG
Im Gegensatz zur LPG handelt es sich bei einem VEG um ein Volkseigenes Gut, also staatliches Eigentum in der Landwirtschaft. Diese Betriebe wurden 1945 durch die entschädigungslose Enteignung von privaten Gütern der Großbauern gegründet. Sie waren hauptsächlich für die landwirtschaftliche Berufsausbildung zuständig.

VLK
Vereinigung Liberaler Kommunalpolitiker.

ZK
Zentralkomitee der SED.

Zwangsarbeiter
Waren Bürger in besetzten Gebieten, die während des 2. Weltkrieges gegen ihren Willen Strafarbeiten unter meist menschenunwürdigen Bedingungen in den verschiedensten Betrieben verrichten mussten.

QUELLVERZEICHNIS

der Bilder und Dokumente

S. 11–13, 15, 19, 31: © Hannelore Weber,
S. 14, 16, 20–28, 32, 36, 39–54, 56–79,
90–101, 105 oben, 108, 111, 125–164,
168–174: © Siegfried Kuhnt,
S. 37: © Ute Lomtscher Roßwein,
S. 55: © Gert Kreher aus Roßwein,
S. 105 unten, 109: © von Antje Weber
aus Kurort Oberwiesenthal,
Aufnahme von Siegfried Kuhnt,
S. 34, 35: © Ansichtskarten von PGH
„Rotophot" Bestensee (Käuflich erworben),
S. 89: © von Fotografenmeister Wilhelm
Schiefer aus Kurort Oberwiesenthal,
S. 121, 122: © Freie Presse
vom Dezember 1989,
S. 165: © Heiko Schmuck

Überarbeitung des Manuskripts
durch Petra Klemm aus Roßwein

Der Autor

Siegfried Kuhnt hat ein bewegtes Leben hinter sich, das so manchen Kriminalroman blass erscheinen lässt. 1947 wird er in Roßwein in Sachsen geboren, wo seine Eltern nach der Vertreibung aus Schlesien ein neues Zuhause gefunden hatten. Nach der Schule beginnt er eine Ausbildung als Agrartechniker, entscheidet sich später jedoch für andere berufliche Richtungen und übernimmt auch als Leiter von einem Kinderferienlager eine große Verantwortung. Er zieht mit seiner Familie nach Kurort Oberwiesenthal, wo das Ende der DDR für ihn wesentliche Veränderungen in allen Lebensbereichen bringt. So wird Siegfried Kuhnt etwa in der Kommunalpolitik tätig und wirkt hier an vielen Entscheidungen mit. In seiner Biografie „Mein Leben als Nachkriegskind" erzählt er ausführlich über sein Leben. Er hat zwei Kinder, 4 Enkel und lebt bis heute mit seiner Frau in Kurort Oberwiesenthal.